JN096747

子どもにおける「体つくり運動」の基礎と実践

編著
三村寛一

著
安部惠子　川村幸久
灘本雅一　福重隆至
中村浩也　渡邉健一
倉田　純　山本清文

嵯峨野書院

はじめに

2021年7月，新型コロナウイルス感染症による全国緊急事態宣言の中，東京2020オリンピック・パラリンピック競技大会が無観客で開催され，世界中の人々がスポーツの素晴らしさを改めて認識したところです。新型コロナウイルスが発生して2年が過ぎ，学校生活も休校や，リモートによる授業が実施される中，子どもの健康や学力の低下が社会問題になっています。中でも体力については，体力水準が高かった昭和60年頃と比較すると，依然として低い状況がみられます。

これらの背景をもとに，平成10年の学習指導要領改定において，それまでの「体操」領域が，心と体を一体としてとらえるための「体ほぐしの運動」と子どもの体力向上をねらいとした「体力を高める運動」から構成された「体つくり運動」に改められ，小学校5年生以上に導入されました。平成20年の改訂においても「体つくり運動」領域の一層の充実が求められ，その内容は小学校低学年・中学年にも拡充されました。平成29年の改訂では，低学年においては，「体つくりの運動遊び」という新たな領域名となり，遊びの要素を大切にした構成となっており，就学前教育との系統性がこれまで以上に重要視されています。

しかし，体ほぐしの運動は「それほど体育の授業の中に定着していない」，「運動例が示されているものの，発展的・連続的な取り組み方が不明瞭な活動」や，「単調な運動の反復やサーキットトレーニング方式が多い」といった報告があるなど，「体つくり運動」が教育現場にうまく浸透しているとは言えない状況であると報告されています。

そこで本書は，上記の問題を解決するための8章から構成されており，発育期の子どもの運動生理学的・運動学的特徴を理解した上で，未就学児童における運動遊びの実際，小・中・高等学校における「体つくり運動」の意義と方法および「体つくり運動」の実践例を多数紹介しております。とくに，幼稚園・保育園・こども園，小学校・中学校・高等学校の先生方，教育学部のテキストとして作成したものであり，図・表を多く取り入れ，各章ごとに重要語句を示し，授業でも使いやすいように工夫されています。

最後に，本書が，先生方や学生に活用される事により，すべての子どもたちが運動遊びを大好きになり，元気で明るく健やかに成長する事を願っております。

2022年2月

編著者　三　村　寛　一

目　　次

第8章 体つくり運動の展開 79

第1章 体つくり運動とは

1 子どもを取り巻く生活環境と身体活動量

近年，わが国では食生活や社会生活の変化に伴い，小学校児童の体格は著しく向上した。一方，日常における遊びが変化して屋内遊びが増加し，子どもの運動不足や，運動不足に起因する体力の低下と肥満の増加が問題となっている。子どもの好ましい発育発達には，栄養の摂取とともに，発育発達を促す刺激としての運動の関与が大きい。

したがって，運動不足は児童の健全な発育発達を損なうだけでなく，肥満児童増加の要因となり，さらには運動時における外傷の増加などの問題にもつながる。肥満は，身体活動量の低下による消費エネルギー量の減少と，摂取エネルギーの過多に伴い生じるエネルギー出納バランスが崩壊した結果生じる。一般に，「**身体活動**（physical activity）」は，「エネルギーの消費を生じさせ，骨格筋によってなされるあらゆる身体的な動き」と定義されており，「運動（exercise）」は，「身体活動の部分集合であり，1つ以上の体力要素を改善，または維持するために行われ，計画され，構造化され，そして繰り返し行われる身体的な動き」と定義されている[1)]。

このように，社会環境の変化を背景に身体活動および運動の目的は，従来の体力増強から健康増進へとシフトしてきている。日本体育協会スポーツ医科学専門委員会は，成人への推奨身体活動量として，「中程度の**運動強度**か，それ以上の運動強度の身体活動を週のうちほとんど，望むべきは毎日，1日につき合計して30分以上行うべきである」と提言している[2)]。子どもに対しては，「週のうち少なくとも3回，中程度から高強度の身体活動を連続して20分から30分行う必要がある」とされているが，この強度は，140 bpm以上の心拍数に相当するものである。この提言は，疾病，特に生活習慣病の罹患率を低下させることを目標にするものであり，1日を通してカロリーを消費させること，子どもの時期に何も身体活動を行わないよりは，少しでも何らかの身体活動を行うべきであるとし，徐々に身体活動量を増加させることに価値を置いている。しかし，児童期は発育発達が著しく，個人差も大きい。また学年ごとの特性もあるので，児童が最低限どのような運動をどの程度実施すれば良いのかについては現在でも不明なところが多い。また，それをどのように評価するかも明確にされていない。

われわれは，子どもの日常における身体活動量の実態を把握するために，子どもの日常の生活

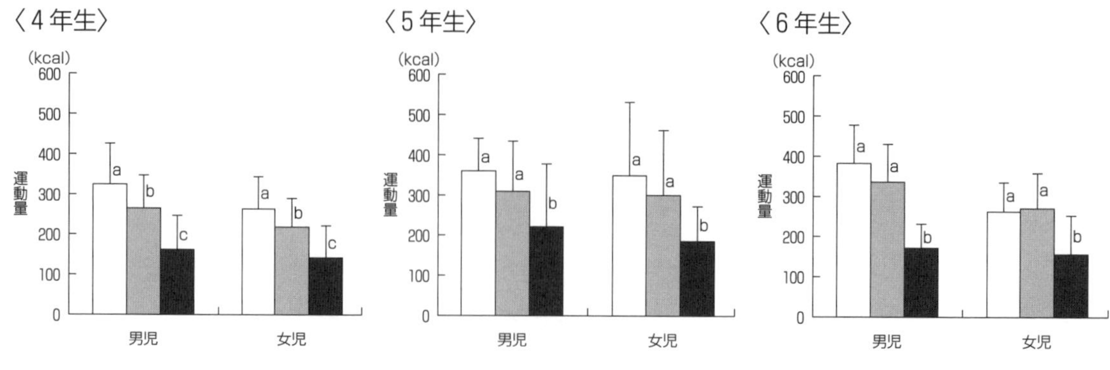

●図 1-1● 学年，性別にみた体育授業および休日の運動量
体育授業の有無および休日の比較（アルファベット記号が異なる場合は有意差あり）

習慣および身体活動の分析を行った。身体活動量の測定は，生活習慣記録機ライフコーダ（スズケン製）を用いて，総エネルギー消費量，**運動量**，歩数および運動強度を把握した。同時に，学校生活（8:30 から 15:30 までの 7 時間）と放課後以降の家庭生活（15:30 から 22:30 までの 7 時間）に区分し行動観察を行った。その結果，平日と休日の運動量の比較では，休日の運動量は平日の運動量に比べて少ない値を示し，体育がある日と体育がない日の運動量を比較すると，体育のある日がない日を上回った（図 1-1）。

つまり，全ての子ども達が共有できる体育授業におけるダイナミックな身体活動量の確保は健全な発育発達を促すためにも重要であり，体育授業の新たなミッションともいえる。

2 学習指導要領（体育編）の改訂

児童，生徒の生活習慣や環境が変化し，体育の授業以外の運動時間が極端に少ない子どもがいる一方で，早期からクラブや部活動などに加入して専門的な競技に集団の中で取り組む子どもが存在するなど，運動する子どもとそうでない子どもの二極化が指摘されている。こうした時代の変化を受けて，60 年ぶりに改正された教育基本法および学校教育法では，知・徳・体のバランス（教育基本法第 2 条第 1 号）とともに，基礎的・基本的な知識・技能，思考力・判断力・表現力等および学習意欲を重視し，学校教育においてはこれらを調和的に育むことが必要であると規定された。

運動実施時間が少なく運動強度も低い児童生徒にとって，体を動かすことを楽しいと感じたり，心地よいと感じたりする機会が減少していることは，運動の習慣化や生活化をさらに遠ざける一因となり，心身の健全な発育発達を阻害することになる。

中央教育審議会答申（平成20年1月）においても，体育科・保健体育科について，体育の分野では「運動する子どもとそうでない子どもの二極化，子どもの体力の低下傾向が深刻」等，子どもに関する課題だけでなく「運動への関心や自ら運動する意欲，各種の運動の楽しさや喜び，その基盤となる運動の技能や知識など，生涯にわたって運動に親しむ資質や能力を身につけていない」といった教師の指導に関する課題や「学習体験のないまま領域を選択しているのではないか」といった学習指導要領の枠組に関する課題を挙げている。

また，保健分野では，自らの健康管理に必要な正しい情報を収集して日常生活にも無理なく取り入れ実践することが一層求められ，食・睡眠習慣などの生活習慣の乱れが小学校低学年にも見られるなどを課題として挙げている。これらの健康教育課題を踏まえ，小学校から高等学校までを見通し，系統立てた**学習指導要領（体育）**の改訂が行われた[3)4)]。

3 体育科・保健体育科の改訂の趣旨

健やかな体の育成の基礎を担う体育科・保健体育科における役割はますます重要である。生涯にわたって健康を保持増進し，豊かなスポーツライフを実現することを重視し改善を図ることを目的としている。その際，心と体をより一体としてとらえ，健全な発育発達を促すことが重要であることから，引き続き保健（理論）と体育（実践）を関連させて指導することが示されている[5)]。

(1) 第 1 段 階

小学校低・中学年では，**多種多様な運動**を幅広く行い，走・跳・投など基本的な動きを身に付けていくことが大切である。また，運動を通して仲間とかかわり，他者を理解することや運動の楽しさを味わいつつ身体活動量を確保することが求められる。一方，指導者は，高学年以降につながる運動種目の基本となる動作を引き出し，結果として体力の向上を目指すことが望ましい。

(2) 第 2 段 階

小学校高学年，および中学校第1学年および第2学年は，中学校第3学年以降に始まる運動領域の選択に向けて次第にルールを本格的なスポーツに近づける段階である。全ての運動領域において，初歩的なスポーツを学び，各領域の運動特性や魅力に触れさせることが大切である。また，小学校高学年と中学校第1学年の接続に配慮した指導が指導者には求められる。

(3) 第 3 段 階

中学校第3学年から高等学校卒業時までの最終段階では，運動の特性や魅力に応じた運動領域のまとまりから自ら選択をし，自己のスポーツの嗜好性を確認した後，高等学校入学年次以降においては，自らが取り組みたい運動領域を選択し，主体的な取り組みを促す指導の工夫が求められる。

このように，小学校，中学校，高等学校の接続を踏まえた指導によって，「生涯にわたる豊かなスポーツライフの実現」を図る。つまり，体を動かすことを厭わない子どもを育む場合，過度の肉体的精神的苦痛を伴わず，様々な運動動作を習得することが大切である。さらに，多様な運動を子ども達自身が反復して行うことにより走・跳・投・体を引き付ける・支えるといった動作を身に付けることができる。これらの運動体験があってこそ「できない」を「できた」にすることも可能となる。また，体育理論では，中学校および高等学校の学習を通して運動やスポーツ，文化，社会的側面を学ぶ。さらに，保健では，小学校第３学年から高等学校入学年の次の年までの継続的な履修を通して，健康・安全に関する知識を習得する。

4 体つくり運動

現在の子どもの身体活動量の減少および体力低下を踏まえ，科学的根拠を基に学習指導要領（体育編）の改訂がなされた。学校体育は個々人の運動経験の有無や各家庭の文化に係わらず全ての子ども達を対象に，体を動かすことの楽しさを体験させる必要がある。そこで，従来の運動領域以外に体つくり運動が配置された。体つくり運動の内容は，全校種で「体ほぐしの運動」が位置付けられるとともに，小学校低学年および中学年では，「多様な動きをつくる運動（遊び）」が新たに位置付けられた。また，小学校高学年，中学校，高等学校では，「体力を高める運動」で構成されるが，それぞれの領域に，①運動，②態度，③知識，思考・判断（小学校は，思考・判断）が指導内容として示されている[3)]（表 1-1）。

（1）運　動

体ほぐしの運動（遊び）の内容は，小学校１年から高等学校３年まで「自己や他者の心と体との関係や心身の状態に気づくこと」「仲間と関わりあうこと」の２つをねらいとする運動であり，全学年に共通した内容である。また，体ほぐしの運動（遊び）については，心や体の変化や関係に気づいたり，仲間とのかかわりをもつことをねらいとすることから，「技能」ではなく，「運動」として示されている。

（2）態　度

態度については，１つの運動領域で習得されるものではなく，体育の分野全体を通して，心と

●表 1-1● 体つくり運動系

	低学年		中学年		高学年	中学校
体ほぐしの運動遊び	○次の運動を通して，心と体の変化に気付いたり，みんなで関わり合ったりすること ・伸び伸びとした動作で新聞紙やテープ，ボール，なわ，体操棒，フープなど，操作しやすい用具などを用いた運動遊びを行うこと ・リズムに乗って，心が弾むような動作で運動遊びを行うこと ・動作や人数などの条件を変えて，歩いたり走ったりする運動遊びを行うこと ・伝承遊びや集団による運動遊びを行うこと	体ほぐしの運動	○次の運動を通して，心と体の変化に気付いたり，みんなで関わり合ったりすること ・伸び伸びとした動作でボール，なわ，体操棒，フープなどの用具を用いた運動を行うこと ・リズムに乗って，心が弾むような動作での運動を行うこと ・動作や人数などの条件を変えて，歩いたり走ったりする運動を行うこと ・伝承遊びや集団による運動を行うこと		○次の運動を通して，心と体との関係に気付いたり，仲間と関わり合ったりすること ・伸び伸びとした動作で全身を動かしたり，ボール，なわ，体操棒，フープなどの用具を用いた運動を行ったりすること ・リズムに乗って，心が弾むような動作での運動を行うこと ・ペアになって背中合わせに座り，体を前後左右に揺らし，リラックスできる運動を行うこと ・動作や人数などの条件を変えて，歩いたり走ったりする運動を行うこと ・グループや学級の仲間と力を合わせて挑戦する運動を行うこと ・伝承遊びや集団による運動を行うこと	○次の運動を通して，心と体との関係に気付いたり，仲間と関わり合ったりすること ・伸び伸びとした動作で用具などを用いた運動を行うこと ・リズムに乗って心が弾むような運動を行うこと ・緊張したり緊張を解いて脱力したりする運動を行うこと ・いろいろな条件で，歩いたり走ったり跳びはねたりする運動を行うこと ・仲間と動きを合わせたり，対応したりする運動を行うこと ・仲間と協力して課題を達成するなど，集団で挑戦するような運動を行うこと
多様な動きをつくる運動遊び	**[体のバランスをとる運動遊び]** ○回るなどの動き ○寝転ぶ，起きるなどの動き ○座る，立つなどの動き ○体のバランスを保つ動き **[体を移動する運動遊び]** ○這う，歩く，走るなどの動き ○跳ぶ，はねるなどの動き ○一定の速さでのかけ足（2～3分） **[用具を操作する運動遊び]** ○用具をつかむ，持つ，降ろす，回す，転がすなどの動き ○用具をくぐるなどの動き ○用具を運ぶなどの動き ○用具を投げる，捕るなどの動き ○用具を跳ぶなどの動き ○用具に乗るなどの動き **[力試しの運動遊び]** ○人を押す，引く動きや力比べをするなどの動き ○人を運ぶ，支えるなどの動き	多様な動きをつくる運動	**[体のバランスをとる運動]** ○回るなどの動き ○寝転ぶ，起きるなどの動き ○座る，立つなどの動き ○渡るなどの動き ○体のバランスを保つ動き **[体を移動する運動]** ○這う，歩く，走るなどの動き ○跳ぶ，はねるなどの動き ○登る，下りるなどの動き ○一定の速さでのかけ足（3～4分） **[用具を操作する運動]** ○用具をつかむ，持つ，降ろす，回す，転がすなどの動き ○用具をくぐる，運ぶなどの動き ○用具を投げる，捕る，振るなどの動き ○用具を跳ぶなどの動き ○用具に乗るなどの動き **[力試しの運動]** ○人を押す，引く動きや力比べをするなどの動き ○人を運ぶ，支えるなどの動き **[基本的な動きを組み合わせる運動]** ○バランスをとりながら移動するなどの動き ○用具を操作しながら移動するなどの動き	体の動きを高める運動	**[体の柔らかさを高めるための運動]** ○徒手での運動 ・体の各部位を大きく広げたり曲げたりする姿勢を維持する ・全身や各部位を振ったり，回したり，ねじったりする ○用具などを用いた運動 ・ゴムひもを張りめぐらせて作った空間や，棒の下や輪の中をくぐり抜ける **[巧みな動きを高めるための運動]** ○人や物の動き，場の状況に対応した運動 ・長座の姿勢で座り，足を開いたり閉じたりする相手の動きに応じ，開脚や閉脚を繰り返しながら跳ぶ ・マーカーをタッチしながら，素早く往復走をする ○用具などを用いた運動 ・短なわや長なわを用いていろいろな跳び方をしたり，なわ跳びをしながらボールを操作したりする ・フープを転がし，回転しているフープの中をくぐり抜けたり，跳び越したりする **[力強い動きを高めるための運動]** ○人や物の重さなどを用いた運動 ・二人組，三人組で互いに持ち上げる，運ぶなどの運動をする **[動きを持続する能力を高めるための運動]** ○時間やコースを決めて行う全身運動 ・短なわ，長なわを用いての跳躍やエアロビクスなどの全身運動を続ける ・無理のない速さで5～6分程度の持久走をする	**[体の柔らかさを高めるための運動]** ・大きくリズミカルに全身や体の各部位を振ったり，回したり，ねじったり，曲げ伸ばしたりする ・体の各部位をゆっくりと伸展し，そのままの状態で約10秒間維持する **[巧みな動きを高めるための運動]** ・様々なフォームでいろいろな用具を用いて，タイミングよく跳んだり，転がしたりする ・大きな動作で，ボールなどの用具を，力を調整して投げたり受けたりする ・人と組んだり，用具を利用したりしてバランスを保持する ・床やグラウンドに設定したいろいろな空間をリズミカルに歩いたり，走ったり，跳んだり，素早く移動したりする **[力強い動きを高めるための運動]** ・自己の体重を利用して腕や脚を屈伸したり，腕や脚を上げたり下ろしたりしたり，同じ姿勢を維持したりする ・二人組で上体を起こしたり脚を上げたり，背負って移動したりする ・重い物を押したり，引いたり，投げたり，受けたり，振ったり，回したりする **[動きを持続する能力を高めるための運動]** ・走やなわ跳びなどを，一定の時間や回数，又は，自己で決めた時間や回数を持続して行う ・ステップやジャンプなど複数の異なる運動を組み合わせて，時間や回数を決めてエアロビクスなど（有酸素運動）を持続して行う **[運動の組合せ方]** ・体の動きを高める運動の中から，一つのねらいを取り上げ，それを高めるための運動を効率よく組み合わせる ・体の動きを高める運動の中から，ねらいが異なる運動をバランスよく組み合わせて行う

出典：文部科学省『小学校学習指導要領（平成29年告示）解説体育編』東洋館出版社，2018年

体の発育発達の段階および領域の種目特性に応じて育むことが求められる。「体つくり運動」領域における「態度」の指導内容は，共通事項として示されている意欲的な取り組みへの姿勢の他，協力，相手への思いやりや安全への態度などの具体的事項が発達の段階に応じて示されている。ただし，「体つくり運動」は，競うことを主な目的としていないため，他の運動領域で示される公正の事項は，示されていない。小学校では，「進んで取り組む」ことや，運動の順番やきまりを守り，友達と仲よく運動をすること，用具の準備や片付けを友達と一緒にすること，場の危険物を取り除いたり，用具の安全を確かめたりすることなど，協力や安全などの具体的な行動をできるようにすることが大切である。

中学校，高等学校では，2年間のまとまりごとに，「積極的」「自主的」「主体的」といった包括的な表現で学習に対する構えを示すとともに，「個々の体力の違いに配慮する」「分担した役割を果たそうとする」「健康・安全を確保する」などの様々な学習場面における具体的な指導内容が示されている。このことは，ある場面の具体的な行動ができるかどうかに重点があるのではなく，協力することや責任を果たすことの意義などの態度を導く知識の習得を通して，その必要性等への自覚をもって学習に取り組む態度の育成を図ることが求められている。特に，「進んで」「積極的に」「自主的に」「主体的に」といった運動に対する愛好的，価値的な態度については，単元全体を通して継続的に指導を行い，育成していくこととなる。また，協力，責任，参画，安全などの具体的態度については，協力の仕方や話合いのポイントを絞り，視点を明確にすることが求められる。

（3）知識，思考・判断

小学校低学年および中学年段階においては，運動の楽しさや体を動かす心地よさを味わうことが重要であり，そのための体の使い方を工夫できるようにする力を育成することに重点を置いている。そのため，小学校の段階では，「体つくり運動」を含むすべての領域に「知識」が示されておらず，指導者が安全を確保した上で，様々な動きの獲得に向けた挑戦の場を提供する中で，児童の自由な発想の広がりや動きを楽しむ体験をさせたりすることが，中学校以降の科学的知見に基づく学習につながり，その基礎を培うと捉えることができる。高学年においては，発達の段階および中学校への接続を踏まえ，直接体力を高めることをねらいとした学習に移行するが，**体力の要素**（瞬発力・敏捷性・巧緻性・柔軟性・筋力・筋持久力・心肺持久力など）に応じた効果的で正しい行い方を体験しておくことが大切である。しかしながら，学習指導要領解説に「多様な動きをつくる運動の行い方を知り，友達のよい動きを見つけ自分の運動に取り入れること」と示されているように，運動の行い方を知った上で，友達のよい動きを見つけるなどの思考・判断ができるよう育成する。

中学校および高等学校段階においては，「体つくり運動」の意義や体の構造，運動の原則などの知識を獲得し，それらの知識を活用したり，応用したりすることが求められる。

5 「体つくり運動」新旧内容の違い

平成10年度改訂における学習指導要領では，心と体を一体としてとらえることを重視し，それまでの「体操」領域を改め，小学校第5学年以降に「体ほぐしの運動」と「体力を高める運動」から構成される「体つくり運動」として示された。平成20年度の改訂では，運動する子とそうでない子の二極化の傾向が見られることや，生活習慣の乱れが小学校低学年にも見られるとの指摘を踏まえ，「体つくり運動」領域の一層の充実が求められた。そのため，これまで小学校高学年から位置付けられていた「体つくり運動」が小学校低学年からになるとともに，発達の段階を踏まえた新たな内容として，多様な動きをつくる運動（遊び）が，小学校低学年および中学年で示された。また，中学校，高等学校では，体力を高める運動において，運動を組み合わせること，運動の計画を立てて取り組むことなどの指導内容が改善されている。

6 体つくり運動の改善の基本方針

小学校低学年「**体ほぐしの運動**」と「**多様な動きをつくる運動遊び**」，小学校中学年では「体ほぐしの運動」と「多様な動きをつくる運動」，小学校高学年から高等学校までは「体ほぐしの運動」と「**体力を高める運動**」で構成されている。

「体ほぐしの運動」は，心と体の関係に気付き，体の調子を整え，仲間と交流することが主なねらいであり，多様な動きをつくる運動（遊び）は，他の領域において扱われにくい様々な運動につながる基本的な動きを培うことが主なねらいである。また，「体力を高める運動」は，体の柔らかさ，巧みな動き，力強い動き，動きを持続する能力を高めることが主なねらいとなっている。さらに，運動に関する科学的な知見を学習することは求められていないが，発達の段階に応じて理解しやすい具体的な行い方などのポイントなどをもとに友達のよい動きを取り入れたり，自らの運動の仕方を広げたりできるようにすることが大切である。

子どもが体を動かす楽しさや心地よさを味わうことができるようにするとともに，健康や体力の状況に応じて体力を高める必要性を認識し，学校の教育活動全体や実生活で生かすことができるようになることが目標である。「体力を高める運動」では，運動を組み合わせて運動の計画に取り組むことを内容として示すとともに，「内容の取扱い」に，「第3学年においては，日常的に取り組める運動例を取り上げるなど指導方法の工夫を図ること」が示されている。また，引き続き，すべての学年で履修させるとともに，指導内容の定着がより一層図られるよう「指導計画の作成と内容の取扱い」に，授業時間数を各学年で7単位時間以上を配当することが示されている。中学校および高等学校段階では，「体つくり運動」の意義や体の構造，運動の原則などの知識を獲得し，それらの知識を有効かつ安全に行うことが求められる。また中学・高等学校では，生徒の運動経験，能力，興味，関心などの多様化の現状を踏まえ，体を動かす楽しさや心地よさを味わうことができるようにするとともに，健康や体力の状況に応じて自ら体力を高める方法を身に付け，地域などの実社会で生かせるよう指導内容が明確に示されている。具体的には，「体力を高める運動」の指導内容を，「自己のねらいに応じて，健康の保持増進や調和のとれた体力の向上を図るための継続的な運動の計画を立て取り組むこと」とするとともに，「内容の取扱い」に，「日常的に取り組める運動例を組み合わせることに重点を置くなど指導方法の工夫を図ること」が示されている。

「体ほぐしの運動」について

体ほぐしの運動は，運動経験の有無が影響することなく誰もが楽しめる手軽な運動や律動的な運動を通して，運動の得手不得手を越えて，仲間と運動を楽しんだり協力して運動課題を達成したりしていくことができる。体を動かす楽しさや心地よさを味わうことによって，自分や仲間の心や体の状態に気付き，体の調子を整えたり，仲間と交流したりする運動といえる。これら体つくり運動は，「(ア)　体ほぐしの運動」と「(イ)　多様な動きをつくる運動（遊び），体力を高める運動」で構成されており，その内容は，「(1)運動」，「(2)態度」，「(3)知識，思考・判断」で示されている。体つくり運動の実践については，体を動かす楽しさや心地よさを味わわせるとともに，①体ほぐしの運動の行い方，②自己のねらいに応じた運動の安全な行い方と組み合わせ方，③運動の計画の見直し方，④卒業後に継続するための運動例，などの内容について，小学校から高等学校までの見通しの中で，段階的に指導することが大切である。

体育授業指導者に求められる力

文部科学省が示す指導要領に基づき，児童，生徒に安全効果的に授業を遂行するには，教員養成大学において以下の知識や技術の修得が必要と考えられる。

（1）知　　識

1 専門知識

① 運動が体に及ぼす影響や**エネルギー供給機構**について（**スポーツ生理学**）

② ヒトの発育発達特性と老化および**予防医学**（**発育発達**）

③ 体力の定義と体力測定の意義および検証方法と活用法について（**測定評価**）

④ 遂行種目の特性および動作と種目別にみた「こつ」（**運動学**）

⑤ 運動中のケガおよび**熱中症**予防と**応急処置法**について

2 学習指導要領の読み解き

① 体育領域の改変の意義と背景およびその特性について

② 体つくり運動の意義と背景およびその特性について

③ 幼稚園教育，小学校教育，中学校・高等学校と連携したカリキュラムの意義と効果について

④ 対象者の発育発達特性と体つくり運動の「**めあて**」を踏まえた指導案の立案について

（2）技　　術

① 各種目を指導する際に行うタイムリーな**声かけ**と効果的な導線について

② 各種目を指導する際の**補助法**と工夫された教具の提案について

③ 各種目を指導する際により多くの試技回数を行える**技術**について

④ 動作を「**見ぬく力**」と正しい補助法について

⑤ **至適運動強度**での身体活動量の確保について

【引用・参考文献】

1）安部惠子・三村寛一・鉄口宗弘・勝野眞吾「小学校高学年児童における日常の身体活動量に関する研究」『教育医学』50（2），2004 年，pp. 106-114

2）安部惠子・三村寛一・鉄口宗弘・勝野眞吾「小学校肥満児童の体力と生活習慣について」『学校保健研究』45（5），2003 年，pp. 397-405

3）文部科学省『小学校学習指導要領（平成 29 年告示）解説体育編』東洋館出版社，2018 年

4）松岡信之「21 世紀の大学体育のあり方」『体育科教育』 1，2000 年，pp. 30-33

5）文部科学省スポーツ・青少年局「理論編」『学校体育実技指導資料第 7 集「体つくり運動」（改訂版）』2012 年，p. 3

第2章
子どもの生理学的特徴と現代的課題

幼児期および学童期・青年期においてスポーツや運動遊びを指導する人にとっては，子どもたちの身体がどのような過程を経て身体的な完成形である大人へと成長していくのかを理解しておくことが，それぞれの成長段階での指導に役立つものと思われる。

人間の成長は，第1発育急進期（生後から乳児期）と第2発育急進期（思春期頃）の2回にわたる急成長期があり，急成長期の出現には個人差があるものの生後20年かけて成体になる。発育の特徴は，身長，体重にもっともよく現れる。その背景に骨の成長や身体動作をコントロールする神経系および筋肉と内臓の発達が関係している様子を理解しておく必要がある。

また，発育期にとって運動は，成長を促進させるために必要な刺激であるものの，過度の刺激は成長を阻害し障害を発生させるリスクもある。そのため，子どもの身体的特徴と運動の関わりについて理解を深めることが必要であり，本章ではその点について概説する。

1 発育期の子どもの身体の特徴と運動との関わり

（1） 身長・骨格の発育的特徴（PHV年齢との関係）

1 暦年齢と生理的年齢

年齢は，生まれてからの暦の上での年齢で生存期間を意味し**暦年齢**と呼ぶ。一方，発育や老化の過程における発育状況からみた早熟や晩熟などの個人差を考慮した生物学的尺度でみた年齢を**生理学的年齢**と呼ぶ。生理学的年齢として，身長発育速度ピーク年齢や歯牙年齢があるが，骨の成熟度合いからみた骨年齢の信頼性は高い。発育の状況を把握するには，縦軸に暦年齢を横軸に身長，体重，骨量などの成長度合いをグラフで表した**成長曲線**，**発育曲線**が用いられる。

2 身長の発達

身長発育曲線は，第1発育急進期以後の幼児期後半から小学校中学年くらいの時期まで，男女ともに比較的安定した成長がみられる（図2-1）。その後，小学校高学年から中学生期にかけて，第2発育急進期を迎え，個人差は大きいものの男子で平均約8 cm，女子で平均約7 cmと年間発育量が最大となる（図2-2）。身長発育がもっとも盛んとなる年齢は，**身長発育速度ピーク年齢**

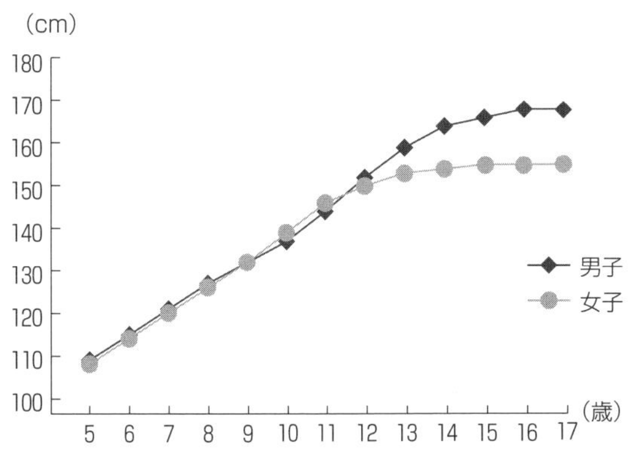

●図 2-1●　身長発育曲線
出典：文部科学省「令和 2 年度学校保健統計調査」より引用

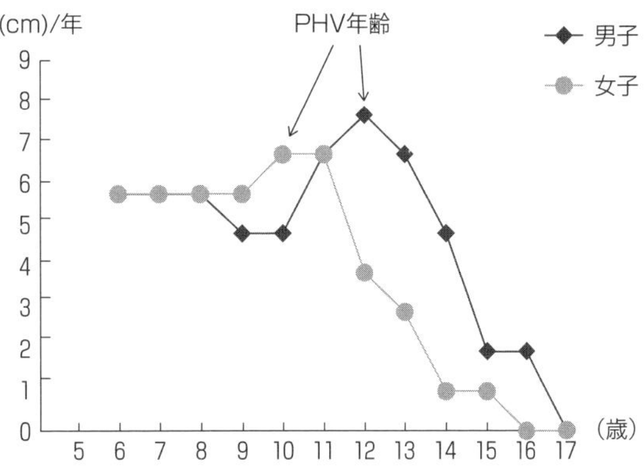

●図 2-2●　身長発育速度ピーク年齢（PHV 年齢）
出典：文部科学省「令和 2 年度学校保健統計調査」より引用

（PHV：Peak Height Velocity）と呼ばれている。この PHV 年齢における身長の大きさは，成人になったときの終末身長と相関が高く，PHV 年齢時に身長が大きい人は最終身長が大きく，小さい人は最終身長が小さいことになる。PHV 年齢の平均は男子が 12 歳，女子が 10 歳で女子の方が約 2 年早く出現する。

3　骨格と骨量の発達

身長が伸びることは，骨が成長することである。図 2-3 に，骨の成長のモデルを示した。子どもの骨には，骨端線が現れている。X 線によるレントゲン撮影をすると，骨の先端部分に隙間のような部分が写り，骨の端の方にあるために骨端線と呼ばれている。骨端線を境にして，成長軟骨層があり，カルシウムを蓄えながら，隙間を押し広げて少しずつ硬い骨組織へと骨化していく。成長期が終わると，骨端線は，徐々に消滅して大人になると完全に消える。つまり，骨が伸び身長が高くなる可能性がなくなる時期を迎える。

骨の成長には，栄養，生活様式，睡眠，運動が影響する。特にまだ柔らかな骨の発育期に適度な運動をすることは，骨密度を高め，皮質の厚さが増加することで丈夫な骨に成長する。骨の強度を測定する方法として，超音波による骨密度を調べる方法がある。骨量図 2-4 は，超音波による骨強度の年齢別平均値の変化を示している。男女の身長差は，13 歳頃に現れているが，骨強度は 15 歳以降に男女差が現れている。また，男子では，身長同様に 17 歳まで毎年成長し，その後横ばいとなる。一方，女子も身長同様に，14 歳頃まで毎年成長し，その後横ばいとなる。骨強度は，PHV 年齢以後に縦方向の成長が一段落したあたりから，密度を増すことで硬い骨へと変化（骨化）していく。PHV 年齢以前に過度な運動を行うと発育期の柔らかな骨にとっては，大きなストレスとなる。この時期に繰り返し激しい力を加えると成長軟骨層という弱い部分に障害が生じる可能性がある。すなわち，重たい負荷の筋力トレーニングを思春期に行うには注意が必要といえる。

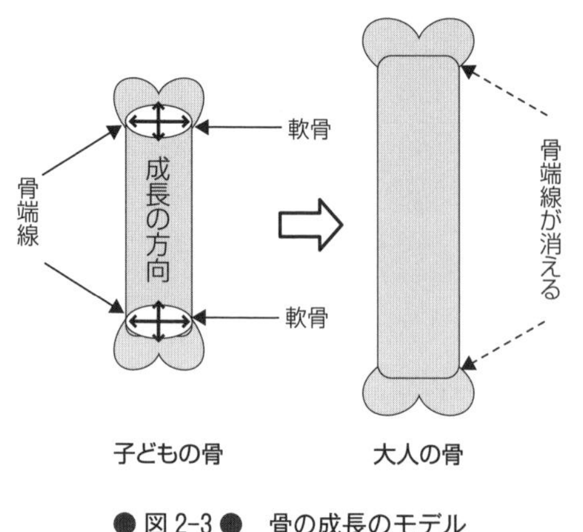

● 図 2-3 ●　骨の成長のモデル
（筆者作成）

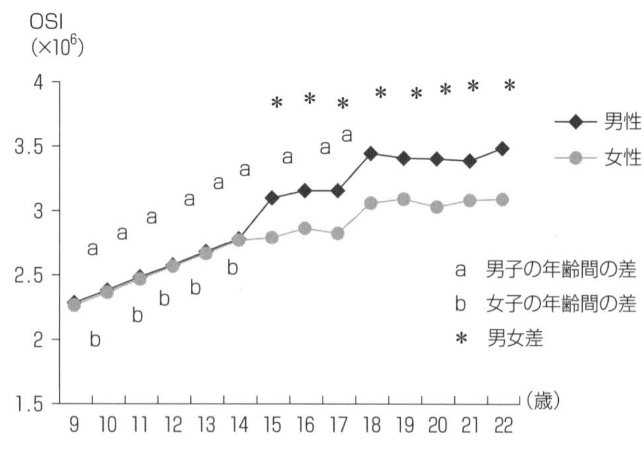

● 図 2-4 ●　音響的骨強度（OSI）の年齢別平均値の変化
出典：伊藤千夏ほか「成長期における骨量の年齢別推移および身体組成との関連」『日栄・食糧会誌』59(4)，2006 年，pp. 221-227 より引用

また，女子は PHV 年齢前後から成長ホルモンに代わって女性ホルモンの分泌が多くなり，初潮を迎えることで，女性らしい身体に変化していく。女性ホルモンのうち**エストロゲン**は，骨からカルシウムが溶けだすのを抑制する働きがあり骨の成長に関与する。この時期に無理なダイエットや激しいトレーニングを行うことで体重が減少すると無月経になり，骨の発育に影響を与えることもある。

【骨密度の計測】

測定法は，X 線（レントゲン）や超音波を利用する方法がある。**超音波法**（図 2-5　右写真）なら放射線技師資格も必要でないため比較的簡単に設置できる。骨は骨幹部を構成する皮質骨と，骨梁を構成する海綿骨（スポンジ状）からできており，骨梁を測ることで強度がわかる。踵の骨（踵骨）は，およそ 95%が海綿骨でできているので骨の強度を測りやすい。

測定の原理は，図 2-5 に示したように，踵骨の両側にある振動子によって超音波を送受信させ，踵骨の骨内伝播速度（speed of sound）を測定し，骨の密度が高いほど骨内伝播速度は速くなることから，骨強度を評価している。

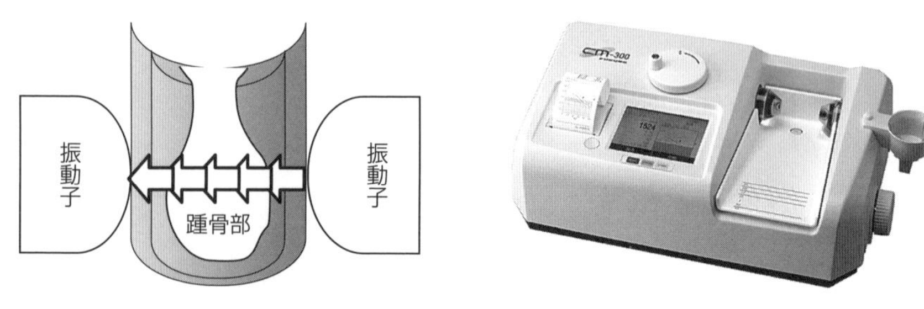

● 図 2-5 ●　超音波骨密度計の測定原理
写真提供：超音波骨密度測定装置 CM-300（古野電気株式会社）イラスト一部改変

(2) 体重・筋肉の発育的特徴（PHV 年齢，PWV 年齢との関係）

1 体重の発育

体重の発育は身長の発育とよく似たパターンを示している（図 2-6）。体重は，第 2 発育急進期を迎え，個人差はあるものの急激に増加する。体重の発育が最も増加する年齢は，体重発育速度ピーク年齢（PWV：Peak Weight Velocity）と呼ばれている。男子は，PHV 年齢とほぼ一致している。一方，女子は PHV 年齢よりも約 1 年後となる傾向がある（図 2-7）。

PHV 年齢以前では，身長 1 cm の伸びに対して，体重の増加は男子で 600 g，女子では約 500 g の割合で一定している。しかし，PWV 年齢付近では，身長 1 cm の伸びに対して，男子が約 800 g，女子が約 700 g と PWV 年齢付近になると，男女とも 200 g の増加となっている。この増加分は，除脂肪体重（筋肉量）増加によるものであるが，それ以上の増加分は，脂肪量の増加によるところが大きいといえる[1)]。すなわち，この時期には，筋肉が身に付きやすい時期といえる。筋肉や骨の発達には，性ホルモンの働きが強い影響を持ち，なかでも副腎由来の男性ホルモンと女性ホルモンは，男女ともに分泌されている。男性ホルモンと女性ホルモンの分泌量の割合は，10 歳くらいまでほぼ同程度であるが，分泌量そのものは，年次的に増加している。第 2 発育急進期では，男女ともに男性ホルモンの分泌量が多くなり，男子ではその増加が著しい。睾丸や副腎皮質から分泌される**男性ホルモン（アンドロゲン）**は，タンパク質の合成を促し，筋肉や骨でのたんぱく質の合成を促進させるため，筋肉質な男性らしい肉体を作り出す。この男性ホルモンの分泌増加により PWV 年齢付近では，身長 1 cm の伸びに対して 200 g の筋肉量の増加となっている。この時期に適度な運動刺激を与えることで，骨格筋の発達を促すことができる。PHV 年齢と PWV 年齢は，個人差があることから，表 2-1 のように毎年，定まった時期（4 月）の年間増加量を算出することで，第 2 発育急進期である思春期の時期を推定できる。

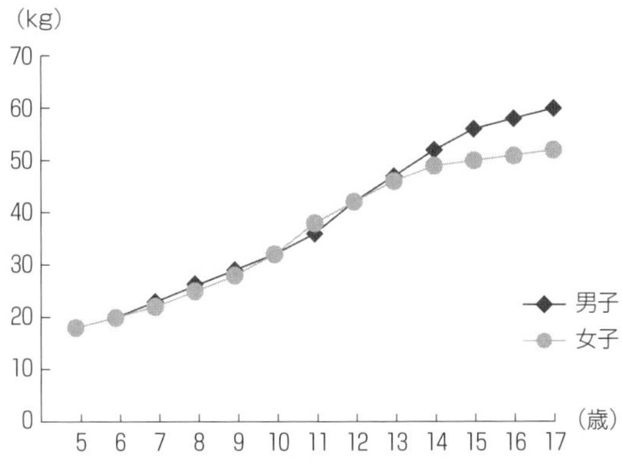

● 図 2-6 ● 体重発育曲線
出典：文部科学省「令和 2 年度学校保健統計調査」より引用

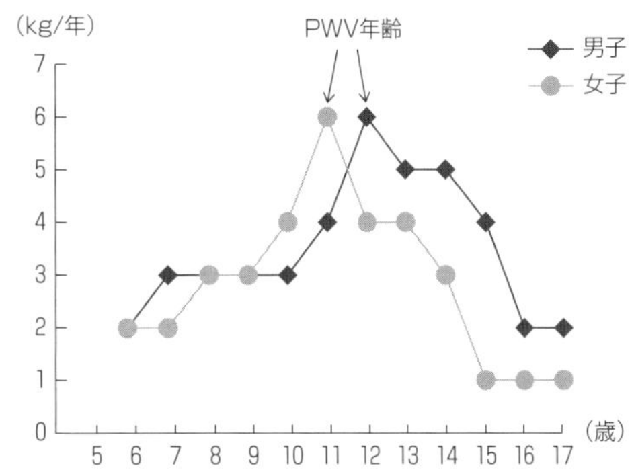

● 図 2-7 ● 体重発育速度ピーク年齢（PWV 年齢）
出典：文部科学省「令和 2 年度学校保健統計調査」より引用

●表2-1● 身長発育速度ピーク年齢（PHV：Peak Height Velocity）の算出例

年齢	4月の身長（cm）	発育量（cm）	備　考
8歳	135		
9歳	141	6	
10歳	146	5	
11歳	152	8	
12歳	158	6	
13歳	168	10	PHV年齢
14歳	172	4	
15歳	174	2	
16歳	175	1	

（筆者作成）

2 筋肉の発育

① 筋線維の種類と特徴

筋線維がいくつか集まり骨格筋を形成している。その筋線維には多数のサルコメアという収縮単位が連なって筋原線維と呼ばれるフィラメントから構成されている。サルコメアという収縮装置が横に並べば筋肉の太さが増大し**筋力**が増大する。直列に並べば，筋肉の長さが長くなり**収縮速度**が増すため，筋力は筋肉の太さに比例し，収縮速度は長さに比例することになる[2)]。骨の成長に伴い，筋肉の長さが増大することは，筋肉の収縮速度が高まり，俊敏な動きができるようになる。

また，太さの要因は，筋線維の１本１本が太くなることと，筋線維そのものが多くなることの２つが関係している（図2-8 A，B）。筋肉を収縮させるには，運動ニューロンの神経線維が支配している。１つの運動ニューロンが支配している筋線維の束を**運動単位**といい，運動単位は同一の種類の筋線維で構成されている。

筋線維は，収縮速度の違いから次の２種類に分類できる（表2-2）。収縮速度の速い**速筋線維**

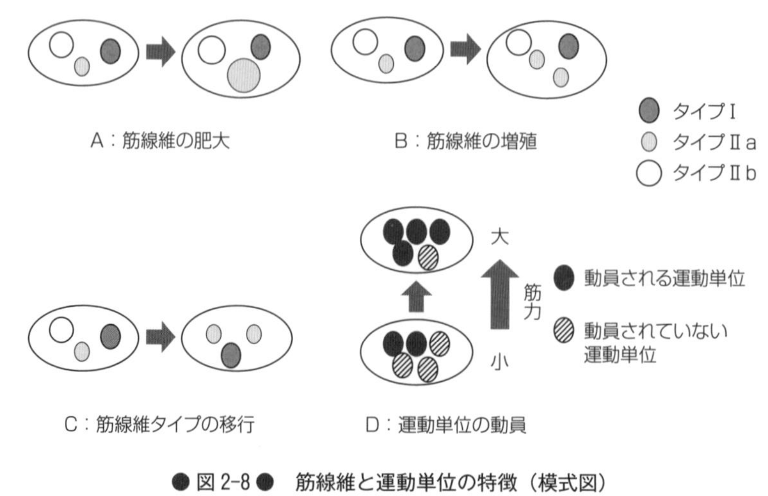

●図2-8● 筋線維と運動単位の特徴（模式図）

（筆者作成）

● 表 2-2 ●　骨格筋の収縮速度による筋線維タイプの分類と特性

タイプ分類				特性		
運動単位のタイプ			筋線維タイプ	収縮力	持久力	動員順序
FF（Fast Fatiguable）	速筋線維（白筋）	タイプⅡb	FT：fast-twitch fiber	強い	なし	3
FR（Fast Fatiguable-Resistant）	速筋線維（白筋）	タイプⅡa	FT：fast-twitch fiber	やや強い	ややある	2
S（Slow Fatiguable-Resistant）	遅筋線維（赤筋）	タイプⅠ	ST：slow-twitch fiber	弱い	ある	1

出典：森谷俊夫・根本勇編『スポーツ生理学』朝倉書店，1994 年，p. 49 より引用，一部改変

（FT 線維，タイプⅡ線維）と収縮速度が遅いが持久性に優れている**遅筋線維**（ST 線維，タイプⅠ線維）がある。この筋線維の割合は，遺伝的要因によって強く影響されている。速筋線維の比率が多ければ，脚が速く短距離選手の適性を備えていることになる。さらに，速筋線維には，収縮力が強いが持久力がないタイプⅡb と，収縮力はやや強く持久力もやや備えているタイプⅡa のサブタイプが存在する。運動の種類やトレーニングによって，筋線維のタイプが移行する（図 2-8 C）。短距離などのスピード型の運動を行っているとタイプⅡb 線維が肥大し，中距離の 400 m や 800 m 走を行っているとスピードと持久力も必要なため，タイプⅡb 線維から両者を備えたタイプⅡa 線維に移行する。

筋力発揮には神経系が支配し，サブタイプを含めた 3 つの筋線維の動員の比率が関与している。運動をよく行っていると神経系の働きが活発となり，**動員される運動単位**が増える（図 2-8 D）。よく運動する子どもが素早い動きができるようになるのは，動員される運動単位の数が増えることが影響している。

② サイズの原理

筋肉の力発揮には，**サイズの原理**と呼ばれる特性がある。図 2-9 のように，小さな力で良い時は，収縮速度が遅く持久力のある遅筋線維（タイプⅠ）の運動単位から使い始め，力の大きさに

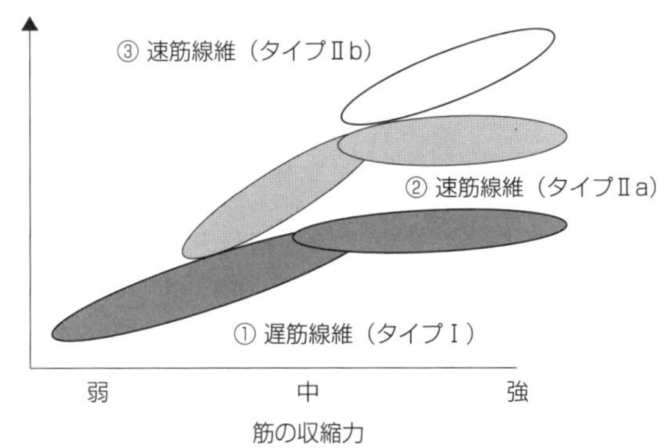

● 図 2-9 ●　筋線維の動員パターン（サイズの原理）

出典：Wilmore J.H., Costill D.L. Physiology of Sport and Exercise. Human Kinetics, 1994 より引用，一部改変

応じて，収縮速度が速くて持久力のない速筋線維（タイプⅡa），速筋線維（タイプⅡb）が使われる。幼児期や小学校期の子どもは，よく動き回ったりすることで，疲労しないように優先的に遅筋線維が使われる。また，骨も柔らかく重い負荷を関節にかけられないために，この時期は遅筋線維が比較的発達しやすい。PHV 年齢以降は，筋肉や骨のたんぱく質の合成が促進されることで骨格筋が発達し，筋肉に大きな負荷をかけることができると筋の収縮力が高まり速筋線維のタイプⅡaやタイプⅡbの運動単位が動員され，速筋線維が発達しやすくなる。

③　筋力・筋パワーの発達

図 2-10 に示した筋力（握力）の発達を見ると，10 歳くらいまでは，緩やかに発達している。その後，PHV 年齢から急激な筋力の発達を示しているのは，PHV 年齢以降に男性ホルモンの分泌量が男女ともに多くなるためである。さらに，この時期以降に筋力の男女差が顕著に現れるのは，男子の方が男性ホルモンの分泌量が多くなるためと推測できる。

筋パワーは，単位時間あたりの仕事量であり，力（筋力）と速度（筋収縮力）の積であり，瞬発力ともいわれている。筋パワーの測定法の 1 つとして，「立ち幅とび」が文部科学省の体力測定項目にある。

図 2-11 に示した筋パワーの発達を見ると，PHV 年齢の少し前くらいから男子は急激に発達し，女子ではわずかではあるが発達している。筋力の発達の要因として，表 2-2 に示した筋線維タイプの発達も関与する。瞬発力が急激に増加することは，筋線維のうち速筋線維の発達がより高まり収縮速度を高めている。このことから，素早い動きや瞬発力は PHV 年齢以降に向上しやすいといえる。しかし，女子は女性ホルモンの分泌量の増加により体脂肪量も増加することから，体重増加に対する筋力量の割合が小さくなり，そのことにより瞬発力の増加が緩やかになるため，男女差が現れやすい時期となる。

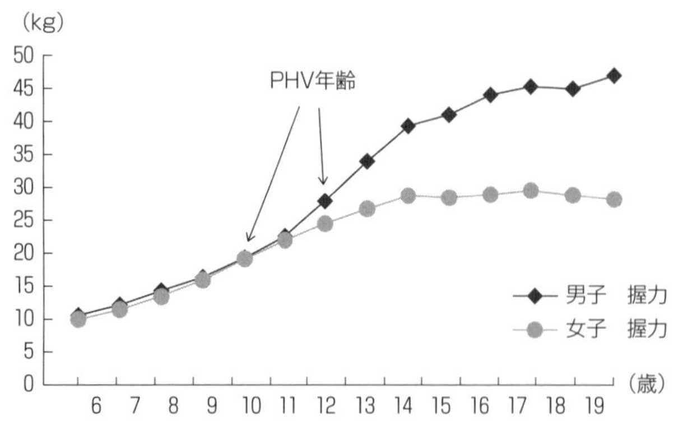

●図 2-10●　筋力（握力）の発達

出典：スポーツ庁「令和 2 年度体力・運動能力調査結果」より引用

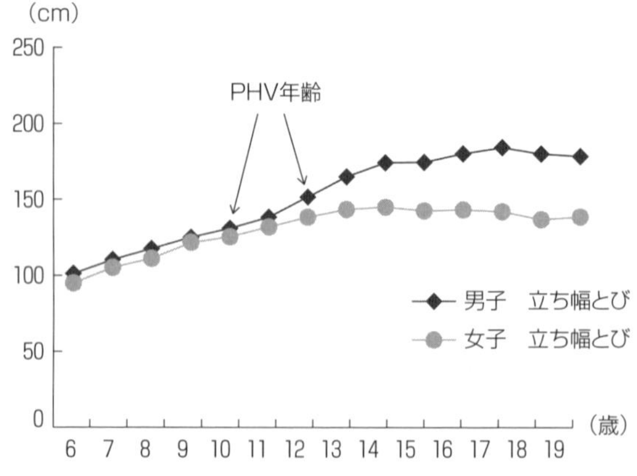

●図 2-11●　瞬発力（立ち幅とび）の発達

出典：スポーツ庁「令和 2 年度体力・運動能力調査結果」より引用

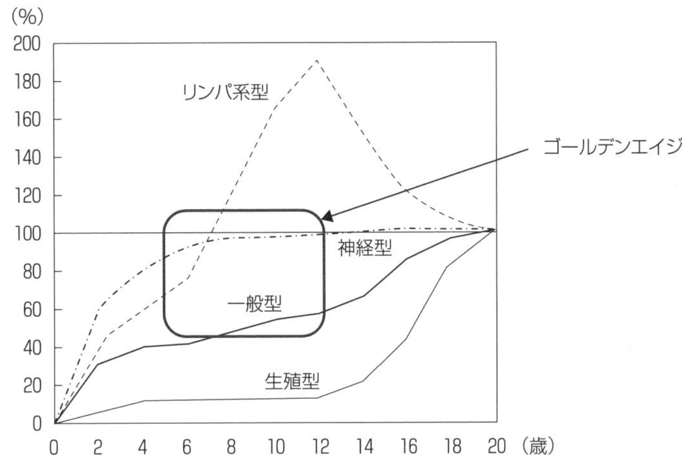

●図 2-12● スキャモンの発育曲線

出典：高石昌弘ほか『からだの発達 改訂版―身体発達学へのアプローチ』大修館書店，1981 年

④ スキャモンの発育曲線からみた運動との関わり

図 2-12 に示す発育発達の模式図は，1930 年代にスキャモンによって示されたもので，今日でも**スキャモンの発育曲線**と呼ばれ，発育の様相を理解する際に用いられている。身体のいろいろな組織や器官の発達の様子を，一般型，リンパ系型，神経型，生殖型の 4 つに分類し，20 歳時を 100%として，出生から 20 歳までの変化を曲線で示したものである。

一般型は，身長などの全身的形態の発育に関連する呼吸器，消化器，腎臓，血管系，骨格系，血液量などの発育を示す型である。身長の発育曲線と同様に 4 歳頃までに急速な発育を示し，その後思春期を迎える 10 歳頃まで緩やかな発育を示すが，その後再び急激な発育を示す。

神経型は，下顎を除く頭部の発達，頭囲や脳・目・耳の感覚器などの神経系の発育を示す[3)]。神経型は，7 歳頃までにおよそ成人と同程度までに発達している。昔から「三つ子の魂百まで」といわれているように，脳の発達が著しい 3 歳前後の時期に，神経系が関与する器用さやリズム感を培える遊びに好奇心を持たせ，遊びを通して運動が楽しいと感じさせることは，その後の人生に大いに関与する。運動動作としては，4 ～ 5 歳頃に「走る」「跳ぶ」，5 歳以降「投げる」「打つ」という感覚を遊びを通じて養い，繰り返すことで巧みな動作を獲得させる。

リンパ系型は，免疫力を向上させる胸腺，扁桃，リンパ節などのリンパ組織の発育で，7 歳頃には成人と同じくらいに発達し，12～13 歳にかけて急激に発育し，成人のレベルを超え 2 倍近くになり，思春期を過ぎる頃から徐々に成人値に戻る[3)]。外での活発な活動を行う幼少期に，外界からの細菌などの感染に備えるため成人レベルに発達しているものと思われる。また，呼吸器・循環器機能が盛んに発達する 12～13 歳頃は，持久性能力の発達に相応しい時期でもあるが，それはリンパ系型の発育が成人の 2 倍に発達することで回復力が増すことも影響しているのではないかと思われる。

生殖型は，陰茎，睾丸，精嚢，卵巣，卵管，子宮，腟などの発達で，第一次性徴と第二次性徴がみられ，一般型とよく似た発育パターンを示している。第二次性徴の頃以降，男性ホルモンの分泌が特に男子で盛んになることから，筋力や瞬発力を発達させるには，思春期以降が適しているといえる。

運動技能が素早く身に付く時期は**ゴールデンエイジ**と呼ばれているが，スキャモンによる一般型，リンパ系型，神経型，生殖型の 4 つに分類された発育パターンからみても，神経型が完成するまでの 2 ～ 3 年間と一般型の身長や体重の第 1 発育急進期と第 2 発育急進期の間の比較的安定した成長期がこの時期といえる。

（3） 体力要素の発達と PHV 年齢の関係

成長期は，身体の発育に伴って体力要素も発達する。体力は，活動力や生命生存の基礎となる身体能力であることから，行動体力と防衛体力に分けることができる。体力は，日頃の環境の影響を受けやすく生活習慣や運動習慣によって変化する。図 2-13 に行動体力要素を測定できる文部科学省の新体力測定項目と関連する体力要素を示した。以下，行動体力の発育変化について概説する。

1 行動を起こす力の発達

行動を起こす力の筋力と瞬発力については，筋肉の発育の頁で述べたが，筋力，瞬発力ともに

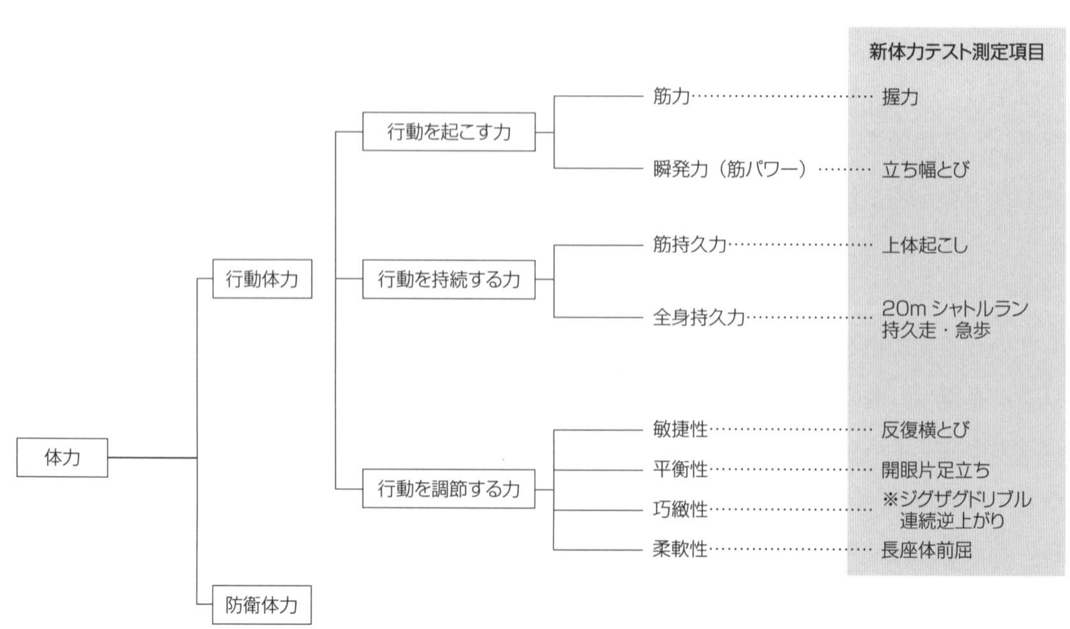

● 図 2-13 ● 体力要素の分類と新体力テスト
出典：池上晴夫『運動処方』朝倉書店，1985 年より引用，一部改変

身体の大きさに影響を受けやすくPHV年齢以降に急速な発達をする（図2-10，2-11）。

2 行動を持続する力の発達

行動を持続する力の発達について，図2-14（筋持久力）および，図2-15（全身持久力）にそれぞれ示した。**筋持久力**の上体起こしは，それまでの男子の懸垂，女子の斜め懸垂に代わって，1999年の新体力測定より導入された。30秒間で上体を持ち上げた回数で体幹の筋群の筋持久力を評価している。ピークは，男女とも14歳以降となっている。男子は，PHV年齢あたりで急速に発達しているが，女子にはPHV年齢の影響はほとんどみられない。後藤ら[4)]は，上腕筋群や大腿筋群の持久力トレーニング効果が13歳をピークとしてその前後に存在するとしている。個人差はあるものの，13歳以降に行動を持続し粘り強い身体を獲得する時期といえる。

全身持久力は，多くの筋群が活動する全身的な運動で強度を保ったまま，どれだけ持続できるかという能力のことをいう。1分間あたりに生体に取り込むことのできる酸素摂取量の最大値で表すことができる。全身持久力は，健康関連体力とも呼ばれ，この体力水準が高いほど生活習慣病のリスクが低下する。全身持久力の発達をみると，PHV年齢前後に急速に発達し13歳頃にピークを迎えている。行動を持続する力は，13歳くらいにピークを迎えるといえる。

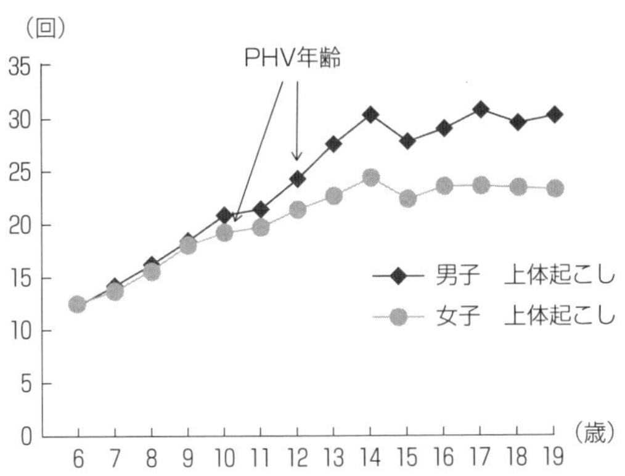

●図2-14●　筋持久力（上体起こし）の発達
出典：スポーツ庁「令和2年度体力・運動能力調査結果」より引用

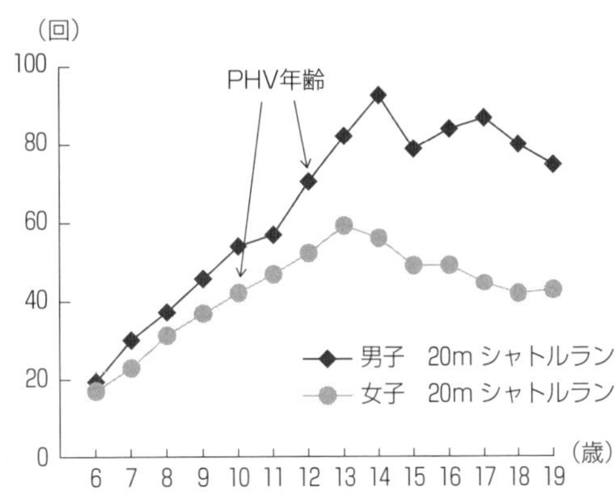

●図2-15●　全身持久力（20 m シャトルラン）の発達
出典：スポーツ庁「令和2年度体力・運動能力調査結果」より引用

3 行動を調整する力の発達

行動を調整する力の発達について，図2-16（**敏捷性**）および図2-17（**柔軟性**）にそれぞれ示した。平衡性の開眼片足立ちテストは，65歳以上のテストであり，**巧緻性**のジグザグドリブルや連続逆上がりテストは，新体力テストから除外されている。柔軟性は関節可動域の大きさを表すもので，長座体前屈の柔軟性は，体幹の柔軟性を評価している。男子で17歳，女子で14歳頃にピークを迎えている。身長が増大するPHV年齢には影響されていない。

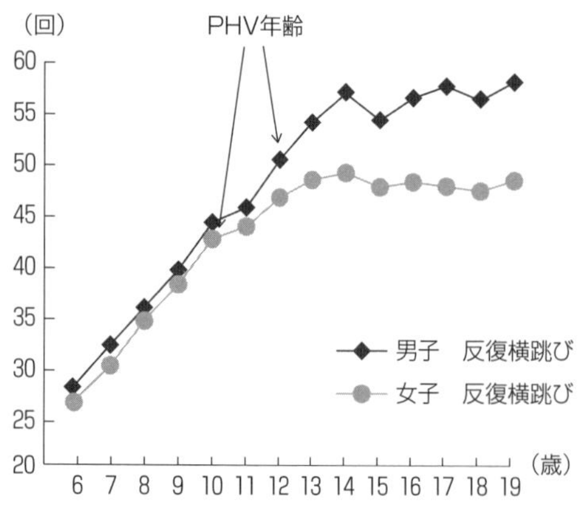

●図 2-16●　敏捷性（反復横跳び）の発達
出典：スポーツ庁「令和 2 年度体力・運動能力調査結果」より引用

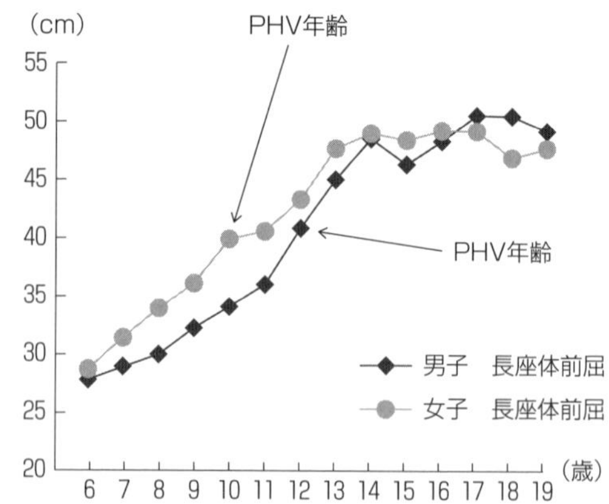

●図 2-17●　柔軟性（長座体前屈）の発達
出典：スポーツ庁「令和 2 年度体力・運動能力調査結果」より引用

敏捷性は，身体を素早く方向転換する能力を評価する。反復横跳びは，中央のラインをまたいで立ち，20 秒間で左右のラインを越すか踏むまでサイドステップを繰り返す測定。ラインを境に素早く切り返し，重心の移動をバランスよく行う能力が必要となる。敏捷性は，男子で 17 歳くらい，女子で 13 歳くらいにピークを迎える。筋力だけではなく，平衡性，柔軟性を複合的に調整する能力が必要となるため，PHV 年齢以降も発達している。

④　基本的運動能力の発達と PHV 年齢の関係

文部科学省の体力テストでは，走・跳・投・捕る・蹴る・打つ・泳ぐの基本的運動能力のうち，「50 m 走」で**走能力**を，「ソフトボール投げまたはハンドボール投げ」によって**投能力**を評価している。走能力の発達を図 2-18 に，投能力の発達を図 2-19 に示した。

走能力は，6 ～ 8 歳にかけて，2 秒近く速くなり，その後 PHV 年齢以降，男子のタイムが速

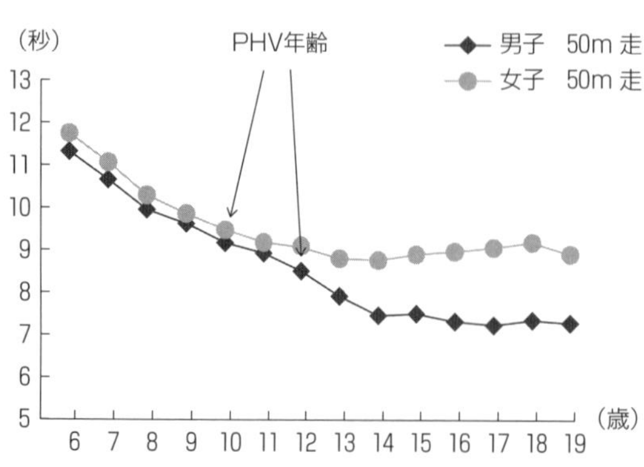

●図 2-18●　走能力（50 m 走）の発達
出典：スポーツ庁「令和 2 年度体力・運動能力調査結果」より引用

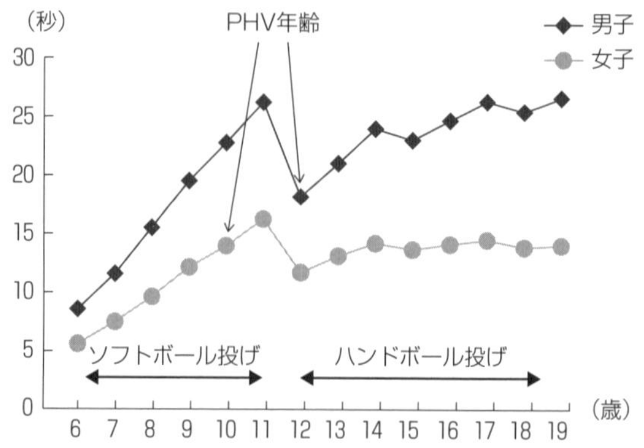

●図 2-19●　投能力（ソフトボール投げ・ハンドボール投げ）の発達
出典：スポーツ庁「令和 2 年度体力・運動能力調査結果」より引用

くなって，男女差が表れている。後藤[5)]は，走タイムの練習効果として，動作の改善（神経系）による時期と筋力・瞬発力のエネルギー系の向上による時期があるとしている。走能力の発達にも前者と後者の層が表れている。

投能力は，小学生がソフトボールを中学生以降はハンドボールを用いて投げているため，11 歳まで記録が向上し，12 歳からいったん低下して 17 歳まで向上している。ボールによる測定方法が異なったため，PHV 年齢での変化はわかりにくいが，男女ともに年齢に伴って向上している。男女差は，テストを開始した段階から男子の能力が高い。他の体力要素や基本的運動能力の**走能力**でも，このように最初から男女差が表れている項目はない。ボール投げ遊びをする機会が男子の方が多いということになるが，文部科学省が体力測定を開始した 1986 年度から低下しはじめ，1995 年と比較して約 10～15％低下しており，他の測定項目で一番低下率が高い。公園などでキャッチボールなどの遊びができないことを大きな要因としてあげている。

5 身体の発達からみたゴールデンエイジ期

ゴールデンエイジと呼ばれる年齢は，発育に個人差はあるもののおよそ 10 歳前後にあらわれる。「**即座の習得**」ができる時期で，難しい動作を数回見るだけで時間をかけずに習得できてしまう能力がある。

この時期に様々な動きを習得し技能を獲得することが，その後におとずれる第 2 発育急進期での身体が大きくなることによる筋力の発達で，大きな力や粘り強い身体能力を獲得した際に活される。しかし，この時期に動作の技能を獲得していない場合は，不合理な動作に依存することになる。たとえば，遠くに投げることができる投能力は，筋力の発達により腕の振りのみに頼っても投距離は確保できるが，いわゆる手投げを継続することで肘や肩に障害を発生させる可能性がある。

発育期のスポーツ指導は，その後，スポーツに親しめるように，後述する発育のタイミングを理解して行うことが重要である。つい，「勝つことだけ」に集中すると，大人のような試合展開を理想とするため，パワーやスタミナに頼った試合で勝つ戦法を考えてしまいがちになる。スポーツにおいて，「勝つこと」は重要な要素であるが，その前に「勝つための工夫を楽しめる」心を培ってあげることが指導者には必要である。さて，ゴールデンエイジでは，「即座の習得」ができる時期であるが，この能力を発揮するためには，もう少し早い段階の「**プレ・ゴールデンエイジ**」での基本的な動きの習得ができていることが必要となる。図 2-20 は，体力要素のうち筋力，持久力，調整力の 3 要素と身体の大きさに関係する身長の年間発達量の変化を示したものである。宮下[6)]は，からだをうまく動かせる能力（動作の習得）を反応時間の発達からその変化量を見ている。単純に反応時間のみが動きの習得に関与するとはいえないが，眼や耳からの情報刺激を素早く手や脚に伝え反応できる敏捷性能力が基本となり，見たものを真似ることができる動作の習得

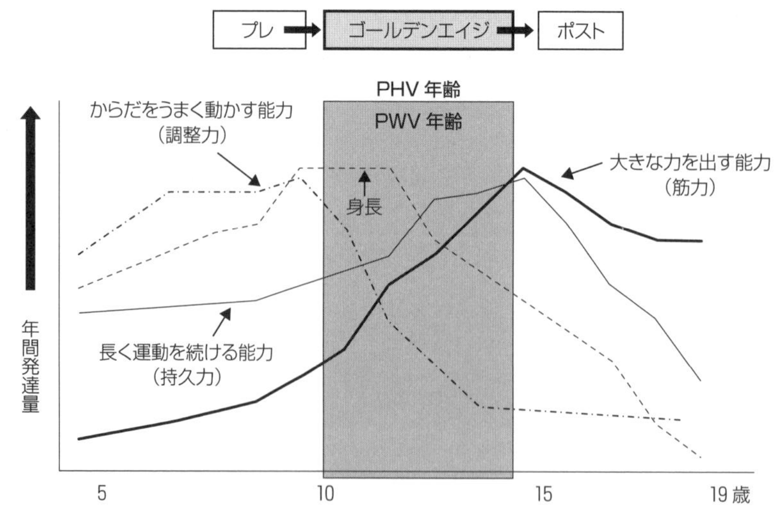

●図 2-20●　運動能力や体力はいつから発達するのか
出典：宮下充正『子どもに「体力」をとりもどそう』杏林書院，2009 年，p. 48 より引用，一部改変

に関与するとしている。スポーツ動作の習得は，身体を思い通りに動かさなくてはならない。そのためには，平衡性（バランス）や柔軟性，敏捷性が複雑に関与して，筋力の出力調整を含めた調整力が大きく関与するものと思われる。この能力は，プレ・ゴールデンエイジから高まりゴールデンエイジ頃にピークとなり，徐々に低下していくことから，体力要素の発達からみてもこの時期は動作習得には重要な時期といえる。

大きな力を出せる筋力の習得は，「**ポスト・ゴールデンエイジ**」といわれている。身長や体重の発育速度ピーク年齢（PHV・PWV）以降にピークになる。PHV 年齢や PWV 年齢の直前くらいから粘り強く長く運動を続ける力の発達が高まっていくことから，ゴールデンエイジで合理的で巧みな動作を習得し，その動きを継続して身に付けることができる最適な時期ともいえる。さらに，PHV 年齢・PWV 年齢以降に筋力を高めることでスピードやパワフルな動きになっていくことが，スポーツ動作を習得するうえで理想的といえる。

2　現代的課題

1　運動遊びから得ていたものが消えている

図 2-21 は，現代の子どもたちを取り巻く環境を示したものである。よくいわれる 3 つの「間」の確保が難しくなってきている。遊び場として存在していた空き地などの広場の減少と自由に遊べる公園の減少（ボール遊び禁止など），それに加えて子どもを狙った犯罪の多発により，安全で安心して遊べる空間がなくなったこと。お稽古事や習い事で子どもの遊ぶ時間が減少したこと。

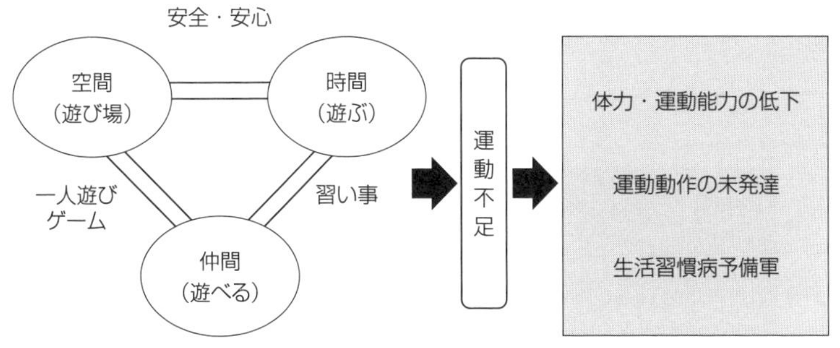

●図 2-21● 現代の子どもを取り巻く環境が及ぼす影響

（筆者作成）

さらに，少子化により家族内の兄弟姉妹同士や同年代の人（仲間）と遊べる機会が減ったことで，昭和の世代がよく遊んだ，鬼ごっこ，缶けり，ケンケンパ，縄跳び，メンコなどの伝承遊びがなくなっている[7)]。特に安全に遊べる場所が不足したことで，子どもの遊ぶ時間や仲間がいても，野外での運動遊びではなく，屋内や屋外でゲーム機を使って遊んでいる子どもを見かける。

一方，スポーツクラブで専門的にスポーツを習う子どもと運動機会のない子どもの二極化現象もあらわれている。また，スポーツをする子どもも複数のスポーツをしなくなっている。様々な運動遊びの経験・機会の不足から子どものからだを動かす能力が，20 年前と比較して未習熟なまま成長している[8)]。文部科学省の体力測定調査の年次推移をみると平成 27 年度は小学校男子の握力，立ち幅跳び，ソフトボール投げと，女子の握力，ソフトボール投げが過去最低となっている。同様に中学校でも男女ともに握力，ハンドボール投げが過去最低となっている。大げさな表現をすると「走・跳・投」の能力のうち他の哺乳類と比較して，狩猟時代から身に付けたであろう唯一優れた投能力を遊びという文化で継承してきた。昔ながらの伝承的な遊びによる外遊びがなくなり，自然と身に付いていた身体操作能力が欠如していることがその原因の 1 つと思われる。このように，身体を動かすという運動をする時間の不足は，体格面にも影響する。体格が肥満度 20％以上の児童生徒は，普通の児童生徒と比べて，体力得点の総合得点が低い割合が高く，総合評価得点も低い割合が高い。また，1 週間の総運動時間が 60 分未満の割合が高い[9)]。このような子どもを取り巻く環境下では，運動不足による「**体力・運動能力の低下**」「**運動動作の未発達**」「**生活習慣病の予備群の増加**」という現象がおきている。そのため，幼児期から基本的な動きの習得や運動習慣を身に付けることで，児童期，青年期での運動やスポーツに親しむ健全な心身の成長を願って 2012 年に「**幼児期運動指針**」が策定された。指針では「幼児は様々な遊びを中心に毎日，合計 60 分以上，楽しくからだを動かすことが大切」という具体的な内容が示されている。

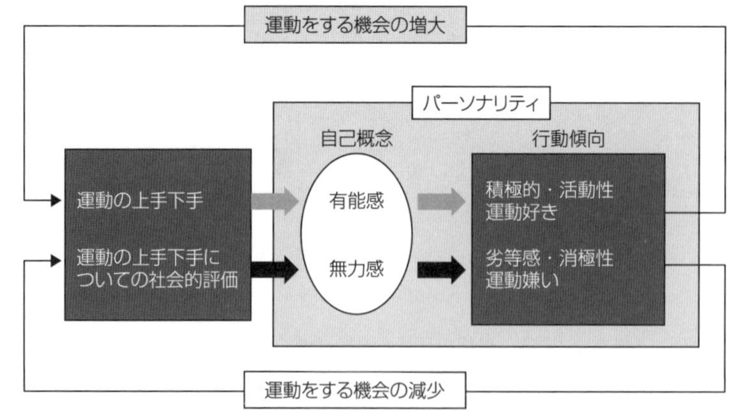

●図 2-22● 運動経験と自己概念およびパーソナリティの関係
出典：杉原隆「子どもの心と健康」近藤充夫編著『保育内容・健康』建帛社，1989 年，p. 54 より引用

② 運動遊びの不足が姿勢にも影響

自然な環境で遊ぶことは，不安定な状況で自らの身体を安定させるために，**バランス能力**が向上する。また，体幹が強くなり姿勢も良くなる。行動体力の低下の影響として，「顔を机に近づけた猫背姿勢」や「左右どちらかに傾いた姿勢」など真っ直ぐ立てない幼児・児童・生徒が増えている。1998 年から文部科学省の体力測定項目から背筋力測定が廃止され，背筋力の年次変化は定かではないが，同じ姿勢を保持できずに，「すぐに座り込む」などの現象が多いことから，姿勢の保持に関与する背筋力の低下が影響しているものと思われる。また，バランス能力の低下も影響し，幼稚園では「転んでも手をつけずに頭や鼻を怪我する」子どもが多くなったと聞くことがある。靴や路面の影響もあるが偏平足や浮き趾の子どもが増えたため，足でとっさに踏ん張ることができない，身体の防衛反応が未成熟になっているものと思われる。

③ 運動好きにさせるには

子どもが，自ら進んで運動する機会を持つためには，「できた」という喜びが必要となる。運動経験と自己概念およびパーソナリティの関係についての模式図（図 2-22）に示されているように，「運動遊びの上手下手」と「運動遊びができたという他人からの評価」によって，**運動有能感**を得て自信になり，運動好きになり積極的に運動を行うようになり，運動する機会の増大となる。しかし，**運動無力感**になると，「どうせしてもだめ」という劣等感から運動嫌いとなり運動する機会が減少する。しかし，いくら有能感が高くても，自分にとってそのことが重要なことでなかったら自己価値は低下する。自分にとって重要だと思うことで有能さを感じることが自信を高めることになる。重要度をいかに認知させるか，運動有能感を感じる幼児期・児童期は，この能力が未発達なため，大人に上手に騙されやすい。重要度の認知は，保育者，両親などの大人の影響を強く受ける。子どもが「**見て見て**」といった時に「できた」と**褒める**ことが重要である。

④ 子どもは大人と同じでない

子どもの運動技能は心身の発達とともに様々な運動経験を通して成長していく。成長の過程には**早熟や晩熟などの個人差**がある。大人が指導する際に注意すべき点は，**発達段階に合わせた指導**が必要となる。その際，大人モデルで「できた」「できていない」を決めつけないことが子どもの意欲に影響する。子どもが，自分なりに小さな変化でも「できた」と感じていても，大人の目線で到達度をこれくらいなら「できた」，これは「できていない」と評価することで子どもも他者と比較してしまう。そのため，自分自身で「できた」と思っていても，評価されていないことに気づき運動有能感が得られなくなる[10)]。そのことで消極的になり運動する機会が少なくなるため，発育段階を考慮した指導が必要となる。

【引用・参考文献】

1）小林寛道『スポーツリーダー兼スポーツ少年団認定員養成テキスト』日本体育協会日本スポーツ少年団，2013 年，p. 143
2）谷本道哉『使える筋肉・使えない筋肉 理論編』ベースボール・マガジン社，2009 年，p. 142
3）藤井勝紀「ヒトのプロポーション変化の検証」『日本教育医学会』61，2015 年，pp. 172-179
4）後藤幸弘ほか「上腕筋群の等速性筋力の年齢的推移とトレーニングの適時性に関する研究―最大筋力とその持続能力について」『兵庫教育大学研究紀要』13，1993 年，pp. 89-106
5）後藤幸弘「運動学習の適時性について」『兵庫教育大学研究紀要』40，2012 年，pp. 115-130
6）宮下充正『子どもに「体力」をとりもどそう』杏林書院，2009 年，p. 48
7）中村和彦『子どもの遊び・運動・スポーツ』市村出版，2015 年，p. 105
8）中村和彦「観察的評価法による幼児の基本的動作様式の発達」『発育発達研究』第 51 号，2011 年，pp. 1-18
9）スポーツ庁「令和元年度 全国体力・運動能力，運動習慣等調査結果の概要」2019 年，p. 32（https://www.mext.go.jp/sports/b_menu/toukei/chousa04/tairyoku/kekka/k_detail/1421920_00001.htm，2021 年 11 月 22 日閲覧）
10）森司朗『子どもの遊び・運動・スポーツ』市村出版，2015 年，pp. 41-43

第3章 子どもの運動学的特徴と現代的課題

1 運動発達の要因

私たちは，生理学的成長に伴って様々な動作を身につけていくが，その発達過程をみると，生物学的基盤によって自然に獲得するものもあれば，日常生活環境からの学習によって獲得するものもある。しかし，競技スポーツや学校体育の現場においては，これらの発達過程を十分考慮せず，子どもがあたかも「大人のミニチュア」であるような指導も散見される。第2章で触れている通り，子どもの身体は大人とは根本的に異なるため，子どもの運動指導にあたっては，子どもの生理学的特徴に加え，運動学的特徴を十分考慮した指導が求められる。本節では，これらの点を念頭に，子どもの運動発達を規定する「**内的要因（遺伝・成熟）**」と「**外的要因（環境・習熟）**」について概説する。

（1）子どもの運動発達に関する内的要因（遺伝・成熟）

人間は生後1年から2年にかけては，自身を取り巻く生育環境に左右されず，人間の種としての一般的な成長過程をたどる。たとえば，生後間もない乳児の脊椎は全体的に後弯しているが，二足歩行が可能になるにしたがい，成人と同じように頸椎は前弯，胸椎は後弯，腰椎は前弯していく。脳の大きさでは，他の動物と比較して急激に成長することがわかっており，ゴリラの赤ちゃんが4年で2倍（大人の大きさ：約 500 cc）になるのに対し，人間では1年間で2倍となり，5歳までに大人の脳の大きさの 90％に達し，その後 16 歳まで成長を続けて最終的には 1,400～1,600 cc となる。これらの現象は，人間が生理学的にいかに不完全な状態で誕生するかを如実に物語っている。一方，新生児にみられる運動としては，泣くことと吸うことをはじめとする**生得的反射**に支えられており，1日の大半を寝て過ごす。また寝ている間もじっとすることはなく，ぎくしゃくとしたでたらめな動作が行われるが，この状態から腹臥位，ずり這い，四つ這い，2足立ち，2足歩行に至るまで，人の動作としての一般的な発達段階をたどる。これは，きわめて未熟な状態で誕生する人間が，大きな内的法則に従って発達していくことを証明するものである。

一方，これらの能力の出現には，個人差が存在しており，確固としたルールを見出すことが困難であることも事実である。そこで，運動発達の順序として以下の5つの傾向が一般的な運動発達の理解に役立つとされている[1)2)3)]。

1 頭部から下部への発達

これは，まとまりをもった運動が頭部から体幹に向け，下降性の方向をたどって出現する傾向を示している。眼球運動や口の運動を中心とした頭部の運動からはじまり，その後，上肢の運動，下肢の運動と順序性を持って発達する。

2 中枢から末梢への傾向

これは，身体運動において中枢部分が末梢部分より先にコントロールされる傾向を示している。体幹や肩関節の運動は手指や肘の運動に先行し，また股関節の運動は膝や足関節の運動に先行して発達する。

3 全体から部分への傾向

これは，全体的な運動から部分的な運動パターンが出現する傾向を示している。何かを摑んだり投げたりする場合において，指や肘の運動に先行して肩関節などの全体に近い体の操作から現れて発達する。

4 両側から片側への傾向

これは，両側性の運動（対側性随伴動作）を通じて，どちらか一方の優先される側の発達がみられる傾向を示している。右腕を動かそうとすると同時に左腕も動いたり，両手で物を叩いたりする運動から，どちらか一方が優先側や利き手の確立へ発達する。

5 粗大から微細への傾向

これは，運動器の過度な緊張に大雑把な粗大運動から，小筋群のコントロールが求められる微細運動へと発達する傾向を示している。はじめは物をうまく操作できなかった子どもも，次第に書くことや切ることなどの細かい運動ができるようになる。

（2） 子どもの運動発達に関する外的要因（環境・習熟）

子どもを取り巻く環境こそが発達において重要であるという考え方は，古くはワトソン（Watoson）[4)]やブルーナー（Bruner）[5)]などの学説として知られており，わが国においても「氏より育ち」という考え方は広く支持されてきた。運動学の確立に多大な影響を及ぼした**マイネル（Meinel）**[6)]は，人間の全ての年代を概観するなかで，人間社会という環界の重要性について言及し，運動発達は，**環界刺激ー運動ー環界刺激**という交互作用によって次第に分化していくものであると述べている。乳幼児の運動発達においても，環界からの影響を全く受けないで成長することは考えられず，多くは親や周りの大人の支えによって直立姿勢をとり，徐々に一人歩きが可能になる。このことは，子どもの運動発達を規定する要因として外的要因が必要不可欠であることを示している。しかし，生理学的な発達段階を無視して，乳児を無理やり座らせたり，立たせたり，歩かせたりすることはかえって運動発達を妨げてしまう。幼児期以降においても，過度な運動刺激は運動への忌避だけでなく障害を引き起こす原因になるが，逆に簡単すぎる運動課題は学習者の意欲や関心を高めることはできない。では，何歳でどのような運動を行うことが最も効果的なのであろうか。宮下らは発育・発達の一般的なパターンから年齢別運動強化方針を示している（図 3-1）[7]。一方，子どもは必ずしも一般化できない固有の運動経験や**レディネス（心身の準備性）**を含めた複雑な問題を抱えているため，運動指導の現場においては，単に運動発達を促す課題のみを与えて，あとは子どもの自主的な学習活動に委ねる，いわば傍観者のようでは，体育の本質的課題である運動学習が十分に達成されたとはいえない。子どもが何らかの運動を新たに獲得しようとする際，一律に運動経験やレディネスを有していれば別だが，そうでない場面こそ運動指導の専門性が問われているからである。これらの点を鑑みると，一般的な運動指導の現場においても，子どもが「できそうだ」と感じて主体的に取り組むことができる運動を，いつ，どのように行うことが効果的であるかといった，運動の適時性について十分検討を重ねていく必要がある。

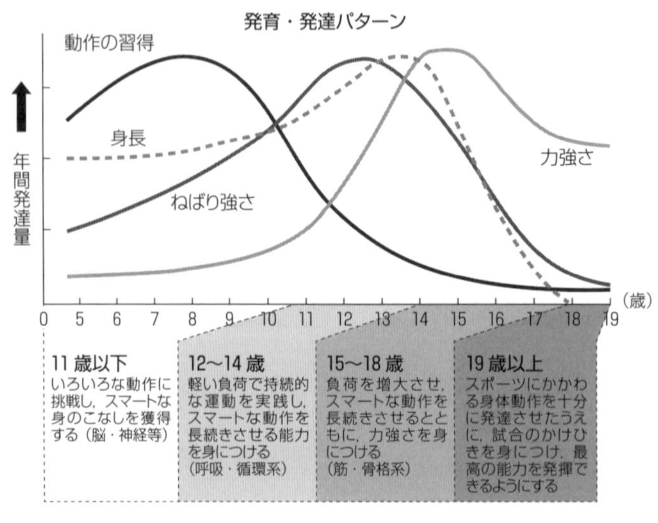

●図 3-1●　発育・発達パターンと年齢別運動強化方針

出典：宮下充正ほか編『子どものスポーツ医学』南江堂，1987 年より引用，一部改変

コラム

子どもの発達の相互作用性

子どもの運動発達における内的要因と外的要因を概観してきたが，現在はこれらのどちらも発達に関与しているという考え方が一般的である。エステレ（Esteller）ら[8)]の研究によると，80 組の一卵性双生児の遺伝子の発現を調査した結果，遺伝子は同じでもその発現には差があり，その差は年齢とともに大きくなることを明らかにしている。このことは，生育環境や教育などの外的要因が，遺伝的（内的）要因に影響を与えることを示唆している。またブッシャー（Busher）ら[9)]は，兄弟を対象としたトレーニング研究によって，遺伝的（内的）要因の影響は70%であり，外的要因と内的要因の相互作用性について言及している。これらのことは，運動能力は必ずしも遺伝的（内的）要因に支配されているわけではなく，外的要因（環境・習熟）の継続性を支持しているものと考えられる。

2 運動の階層性

第 1 節でも述べたとおり，運動発達には内的要因（遺伝・成熟）と外的要因（環境・習熟）があり，相互作用性を持っている。このことは，体つくり運動の実践においても非常に重要な観点である。なぜなら，体つくり運動は学校体育における他の学習領域のように技能を高めることがねらいとされておらず，自己の心身に関心を持ち，心身のコントロールができる力を身につけることを目指しているからである。そこで本節では，体つくり運動の位置づけについて，運動の階層性の観点から概説する。

（1） 基本的動作（fundamental movement）

幼児期に習得される動きは，その後の生涯に渡って獲得しうる様々な運動の基本形態となることから，**基本的動作（fundamental movement）**といわれる。ガラヒュー（Gallahue）[10)]は，運動発達の基礎的動作として，姿勢制御運動，操作運動，移動運動を取り上げ，これらの十分な発達がスポーツに関連する専門化された運動スキルの獲得のための前提条件であり，**運動経験**が不十分である場合には，子どもは後の高いレベルでのスキルを身に着けることができないと述べている。マイネル（Meinel）[6)]も，9 歳～11 歳頃が運動発達の最も有利な時期と述べており，同時期における運動習得の大前提として，多面的な運動経験を持っていることとしている。わが国においては体育科学センターが，幼児が就学前に習得させておきたい基本的動作について，**平衡系の動作**，**移動系の動作**，**操作系の動作**の 3 つのカテゴリーを設け，それぞれの動作内容に対応した

84 種の動作を提示したうえで，これらの経験が不十分だったり，未習得の動作が多くならないように提言している[11)]。

ここで示された基本的動作は，かつては子どもが日常的な活動を通じて自然に身につけていたものと考えられる。しかし，昨今の急激な情報化社会の進行や生育環境の変化を背景に，子どもの体力の低下が深刻化するなか，学校体育の学習領域の一つとして「体つくり運動」が追加され，正規の学習領域として学ばせる必要が出てきた経緯を十分認識しておかなければならない。また，平成 24 年の**幼児期運動指針**の策定によって，体力が一生涯を通じて「生きる力」の重要な要素として認識されている事実としっかり向き合う必要がある。将来的には，子どもたちが以前のように日常生活のなかで基礎的動作を身につけ，「体つくり運動」が学習領域からなくなる日がくることが望まれよう。

（2） 動作発達の順序性と系統性

体力を高め，スポーツに関連する専門的な運動スキルをスムーズに習得するためには，基本的動作が身についていることが前提である。では，基本的動作はどのような段階を経て発達していくのであろうか。ロス（Roth）[12)]は，子どもの動作発達を**順序性**があるものと捉え，成熟と習熟の過程に伴って，動作が多様化していくことを示した。そこでは，基礎的動作のカテゴリーである「平衡系の動作」「移動系の動作」「操作系の動作」がそれぞれ順序性を持って発達していき，5 歳以降では 2 つ以上の運動の組み合わせ動作が発現するとしている。

一方，マイネル（Meinel）[6)]は，運動系の学習には以下の特徴的な 3 つの位相があるとし，逆戻りできない順序や発達を表すと述べている。

《位相Ａ》：**運動の粗協調**：粗形態による基礎経過の獲得
《位相Ｂ》：**運動の精協調**：修正，洗練，分化
《位相Ｃ》：**運動の安定化**：定着と変化条件への適応

基礎的運動はこの中では《位相Ａ》に相当し，握ること，歩くこと，走ること，跳ぶこと，投げることなど，日常生活のなかで自分自身で試し，真似をし，自然と身につけていくものとし，また多くの運動が並列性と同時性を持って発達するとしている。一方，自然に獲得された動作の多くは欠点を持っており，欠点を持った運動経験は誤った動きの定着につながるうえ，《位相Ｂ》や《位相Ｃ》に至る理想的なスポーツ動作獲得の妨げとなる。よって，発達期の子どもの体づくりにおいては，走る，跳ぶ，投げる，といった基礎的動作がその後どのような動きへと発展していくかという**系統性**を念頭に，正しい動きの評価を行っていくことが求められる。

1 走動作について

走動作は，両脚が地面に接地しない局面があることで特徴づけられる移動運動の一種である。歩行時のように両脚が接地する局面がなく，膝は歩行より高く引き上げられ，腕は両脚の動きと協応して前後に振られる。走動作で散見される誤りとしては，腕を左右に振ったり，踵で走ったり，膝を十分に引き上げられないことなどがあげられる。ゲゼル（Gesell）ら[13]は，子どもが30カ月でつま先による走動作を可能にすることを報告している。

走動作の発達段階の特徴としては，日本スポーツ協会によると以下の5つのパターンがあり，子どもの走動作の現状把握の目安として活用できる（図3-2）。

2 跳動作について

跳動作は，少し高い場所からの飛び降りによって発現され，障害物の跳び越し，その場でのジャンプ，垂直跳び，立ち幅跳びや走り幅跳びなどの様々な技術へと発展していく。ジャンプには様々な種類があるが，基本的には体幹や下肢を屈曲させた状態から素早い伸展によってパフォーマンスが発揮される。ゲゼル（Gesell）ら[13]は，1.5～2歳の間に30.5 cmの幅を飛び越すことができ，また4歳までに25.4 cmの立ち幅跳び，5歳で6.4 cm飛び上がることができると報告し

「走る動作」の発達段階の特徴	動作パターン
パターン1 両腕のスウィングが見られない。	
パターン2 前方で腕をかくような動きや，左右の腕のバランスがとれていないスウィングである。	
パターン3 十分な足の蹴り上げがある。	
パターン4 大きな振動での両腕のスウィング動作がある。	
パターン5 膝が十分に伸展し，水平方向にキックされる。	

●図3-2● 走動作の発達パターン

「跳ぶ動作」の発達段階の特徴	動作パターン
パターン1 両腕がほとんど動かないか， 跳躍方向と反対の後方にふる。	
パターン2 両腕を側方へ引き上げ， 肩を緊張させてすくめる。	
パターン3 肘が屈曲する程度に， 両腕をわずかに前方へ振り出す。	
パターン4 肘をほぼ伸展しながら， 両腕を前方に振り出す。	
パターン5 バックスウィングから 両腕を前上方へ大きく振り出す。	

●図3-3● 跳動作の発達パターン

ている。跳動作の発達段階の特徴としては，５つのパターンがあり，子どもの跳動作の現状把握の目安として活用できる（図3-3）。

③ 投動作について

子どもは乳児期の終わりごろになると，身近な小さな物を放り投げるようになる。この前段階として，子どもは把握反射を通じて物を摑んでおり，ゲゼル（Gesell）ら[13]によると，およそ52週までに人差し指や親指の操作，対立運動を行うと述べている。**投動作**は投げることそのものがスポーツパフォーマンスに直結していることが多く，ほとんどの場合，それぞれの目的に応じた技術として成立している。投動作の発達段階の特徴としては，５つのパターンがあり，子どもの投動作の現状把握の目安として活用できる（図3-4）。

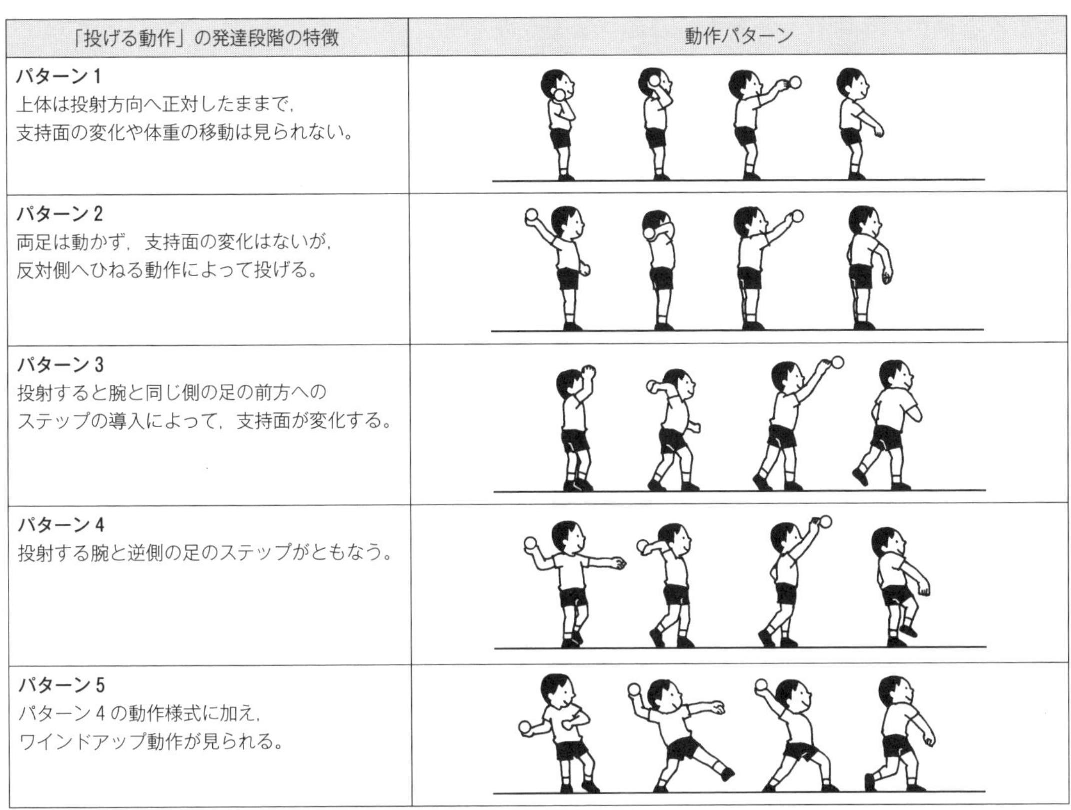

「投げる動作」の発達段階の特徴	動作パターン
パターン 1 上体は投射方向へ正対したままで， 支持面の変化や体重の移動は見られない。	
パターン 2 両足は動かず，支持面の変化はないが， 反対側へひねる動作によって投げる。	
パターン 3 投射すると腕と同じ側の足の前方への ステップの導入によって，支持面が変化する。	
パターン 4 投射する腕と逆側の足のステップがともなう。	
パターン 5 パターン 4 の動作様式に加え， ワインドアップ動作が見られる。	

●図 3-4● 投動作の発達パターン

3 子どもの身体に関する現代的課題

(1) 子どもの動作発達と学校教育の変化

近年の急速な少子高齢化の進行，都市空間や家族形態の変容等により，わが国の子どもの生育環境が大きく変化するなか，体力の低下が社会問題化して久しい。現代の 5 歳児の動作発達は 25 年前の 3 歳児，8 歳児のそれは 25 年前の 5 歳児の水準にそれぞれ相当するとも指摘されている。また，日常生活への影響も深刻化しており，スキップができない，転ぶと顔を打つ，手を前に出してしゃがめない，など動きがぎこちない子どもや，自分の思い通りにならなかったら遊び場から離れたり，順番を待つことができないなど，ストレス耐性に課題を持つ子どもが増加している。さらに，足部のアーチ形成の不全や浮き趾の増加など，身体的な変化も多数報告されている。平成 20 年（高等学校は平成 21 年）に告示された学習指導要領において，体育科・保健体育科の年間標準授業時数が 1 割増加し，体育の充実による豊かな心や健やかな体の育成が掲げられたのも，このような現在に至る社会背景や心身の特徴を反映させているからである。一方，平成14年度から完全実施されている学校週5日制においては，導入当初の理念が十分浸透せず，土曜日を有意義に過ごせていない子どもと活発な運動を実践している子どもの二極化をはからずも促進している。幼児の平日と休日における中等度以上の活動に要した時間を検討した研究によると，休日の活動量が平日に比べて低いうえ，約3分の1の子どもが60分以内の運動しか行っていないことが明らかとなっている。これらの傾向は，子どもの体力の低下や運動の二極化が週末や長期休暇中に発生していることを示唆している。このことから，子どもの体づくりを考える際には，単にこれを学習領域の一つとして捉えるのではなく，体育科・保健体育科で学習した成果をもとに，特別活動や総合的な学習の時間，また部活動や教育課程外の活動を含めた学校教育活動全体を通じ，家庭や地域社会，総合型スポーツクラブ等と連携を図りながら，社会全体で育んでいく必要性を如実に物語っている。

（2）運動学習について

そもそも「学ぶ」という言葉は，まねる→まねぶ→まなぶ，と言葉が転化したものである。運動を学習するうえでも，乳児期にみられる生得的な反射に支えられた運動は別として，友人や家族，身の回りの様々な人々の動きを見て，自分もその動きをまねたいという「**原衝動**」に支えられていることが一般的である。しかし，「まねたい」という動作が，即座に習得できる動作ばかりではない。それは，自分の身体と自分の目の前にある相手の身体との間で壁が生じ，簡単には新しい動作をコピーできないためである。この状況のなかで，マイネル（Meinel）[6]は，相手に対する「**動きの共感**」の発生について言及している。たとえば，生まれてから一度も縄跳びを持ったことのない幼児が，縄跳びが跳べるようになるには，相手の身体に自分の身体を共振させ，移入することで，自分の動きの中に**類縁性**を発見し，「相手のこつ」が「私たちのこつ」に変容することが必要としている。あわせて，これまでの運動経験を基に，「できそうな気がする」という思いに支えられて，《縄を手で回して跳ぶ》，という「ひとまとまり」としての動きを理解することが求められる。指導現場で散見されることだが，子どもが新たな運動課題と向き合っている場面で，過度に応援したり，逆に叱責したり，また，《まずは真上に跳ぶ》，次に《縄を回してみる》，といったように必要以上に動作を分解したり，さらには自分が得意気にやってみせたりすることは，多くの場合，意味をなさないことを肝に銘じておく必要がある。

今後の運動学習の場面においては，基本的動作の獲得や発達段階を見極め，子どもが様々な新しい動きに共鳴できるよう，個のレベルに応じた適切な運動課題を示範していくことが，ますます求められるであろう。

【参考文献】

1）Ames L. B. “The sequential patterning of prone progressions in the human infant”, *Genetic Psychology,* 19, 1937, pp. 411-460.

2）Shirley M. M. “*The First Two Years: A Study of Twenty-Five Babies-Postural and Locomotor Development*”, University of Minnesota Press, 1931.

3）T. G. R. バウアー，鯨岡峻訳『ヒューマン・ディベロプメント—人間であること・人間になること』ミネルヴァ書房，1982 年

4）ジョン・B. ワトソン，安田一郎訳『行動主義の心理学』河出書房，1968 年

5）J. S. ブルーナー，鈴木祥蔵ほか訳『教育の過程』岩波書店，1963 年

6）クルト・マイネル，金子明友訳『マイネル スポーツ運動学』大修館書店，1981 年

7）宮下充正ほか編『子どものスポーツ医学』南江堂，1987 年

8）Manel E. et al “Identical twins may have more differences than meet the eye” The Ohaio State University Research, 2005.

9）Bucher K. D. et al “The Muscatine cholesterol family study: familial aggregation of blood lipids and relationship of lipid levels to age, sex and hormone use” *J Chronic Dis*, 35(5), 1982, pp. 375-384.

10）D. L. ガラヒュー，杉原隆監訳『幼少期の体育 発達的視点からのアプローチ』大修館書店，1999 年

11）体育科学センター調整力専門委員会体育カリキュラム小委員会「幼稚園における体育カリキュラムの作成に関する研究（Ⅰ）：カリキュラムの基本的な考え方と予備調査の結果について」『体育科学』 8，1980 年，pp. 150-155

12）Roth K. “Strukturanalyse Koordinativer Fähigkeiten” *Limpert Verlag*, 1983.

13）Gesell A. “*The First Five Years of Life*” London：Methuen & Co. Ltd., 1940.

14）金子明友監修，吉田茂ほか編『教師のための運動学 運動指導の実践理論』大修館書店，1996 年

15）J. ウィニック，小林芳文ほか訳『子どもの発達と運動教育 ムーブメント活動による発達促進と障害児の体育』大修館書店，1992 年

16）ニコライ・A. ベルンシュタイン，工藤和俊訳，佐々木正人監訳『デクステリティ 巧みさとその発達』金子書房，2003 年

17）白旗和也編著『これだけは知っておきたい「体つくり運動」の基本』東洋館出版社，2014 年

18）リチャード・A. シュミット，調枝孝治監訳『運動学習とパフォーマンス 理論から実践へ』大修館書店，1994 年

第4章

未就学児童における運動遊びの実際

子どもの体力不足が社会問題になる中，幼児期においても，遊びを中心とする身体活動を十分に行うことは，多様な動きを身に付けるだけでなく，心の成長も促すことに寄与すると言われている。そこで文部科学省では，平成19年度から21年度に「体力向上の基礎を培うための幼児期における実践活動の在り方に関する調査研究」において，幼児期に獲得しておくことが望ましい基本的な動き，生活習慣および運動習慣を身に付けるための効果的な取り組みなどについての実践研究を行った。それらの結果を基に，「**幼児期運動指針**」が策定された。これを受け，幼稚園・保育園・こども園では，「幼児期運動指針」を深く理解するための研修会を実践し，日々意図的な運動遊びを展開している。

本章では，幼児期の年齢，体力要素別に楽しい運動遊びを紹介する。運動遊びを指導する場合は，紹介した運動遊びを系統的に組み合わせて実践して欲しい。

（1）走能力（25m 走）—走る運動遊び

腕をしっかり振り，ダイナミックに体を動かそう。また，いろいろなコースも友だちと協力して走ってみよう。

①電車ごっこ：年少
（準備）フープ

②電車ごっこ：年中，年長
（準備）ロープ

同じスピードで
仲良く走ろう

③電車ごっこ：年中，年長
（準備）棒２本

手と足の
バランスが
難しいぞ

④飛行機走り：年少
（準備）コーン 10 個

⑤スパイダーマン：年中，年長
（準備）新聞紙

⑥月光仮面：年中，年長
（準備）バスタオル 2 枚

⑦ハイハイ歩き：年少
（準備）マット

⑧ハイハイ競争：年少，年中
（準備）マット

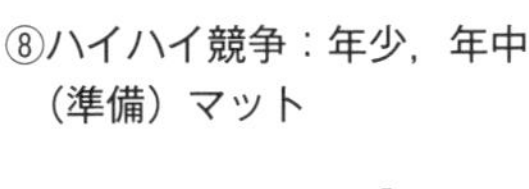

⑨クマさん競争：年中，年長
（準備）マット

⑩シッポ取り（ふえ鬼）：年少
（準備）ハチマキ

⑪鬼ごっこ（ドラゴンボール）：年中，年長
（準備）25 人でボール 5 個

⑫氷鬼（小さいスペースで○□）：年長
（準備）コートを作る（4～5人1組）

⑬滑り台からボール転がし：年少
（準備）テニスボール

⑭滑り台からボール転がし：年中，年長
（準備）1号ボール

⑮滑り台からボール転がし：年中，年長
（準備）サッカーボール

(2) 跳能力（立ち幅跳び）―跳ぶ運動遊び

しっかりと遠くへ高く跳ぼう。いろいろな道具を使って跳ぼう。

①フープでグージャンプ：年少
（準備）フープ

リズムよく
跳ぼう

②フープでグーパージャンプ：年中，年長
（準備）フープ

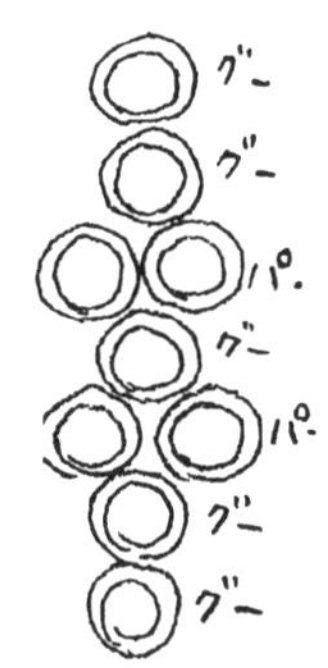
グー
グー
パ
グー
パ
グー
グー

③フープでケンケンパージャンプ：年中，年長
（準備）フープ

からだ全部を
つかってね

④線踏みジャンプ（I 字）：年少
（準備）メジャー，ライン

腕を上手に
使うと跳び
やすいよ

⑤線踏みジャンプ（U 字）：年中，年長
（準備）メジャー，ライン

⑥線踏みジャンプ（S 字）：年中，年長
（準備）メジャー，ライン

⑦スキージャンプ：年少
（準備）フープ

バランスをとって
ジャーンプ！

⑧スキージャンプ：年中，年長
（準備）なわ

どのくらい遠くへ
跳べるかな～

⑨クモの巣ジャンプ：年中，年長
（準備）平均台２台，ゴム５本

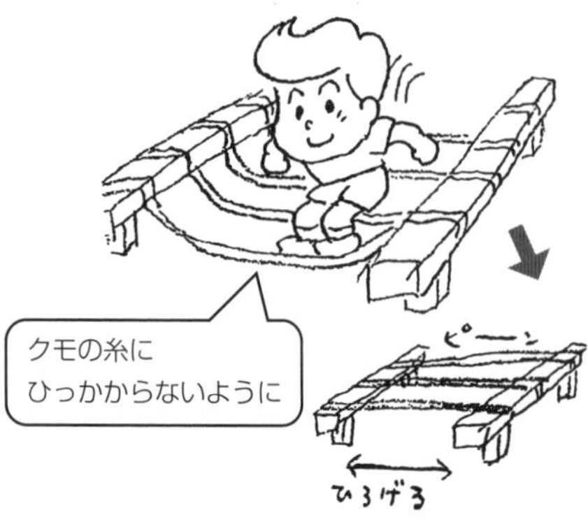
クモの糸に
ひっかからないように
ピーン
ひろげる

⑩風船たたき：年少～年長
（準備）風船，ひも

上へ向かって
高く跳ぼう

（３） 投能力（ボール投げ）―投げる運動遊び

いろいろな種類，形をしたボールを遠くへ投げよう。また，小さなボールから大きなボールまでを的や目標に向かって上手に投げよう。

①新聞紙玉入れ（下投げ・スローイン）：年少，年中
（準備）新聞紙（ボール），バケツ

シュート！
2m
1m

②新聞紙玉入れ（横・上投げ）：年中，年長
（準備）フープ，ごみ袋，新聞紙（ボール）

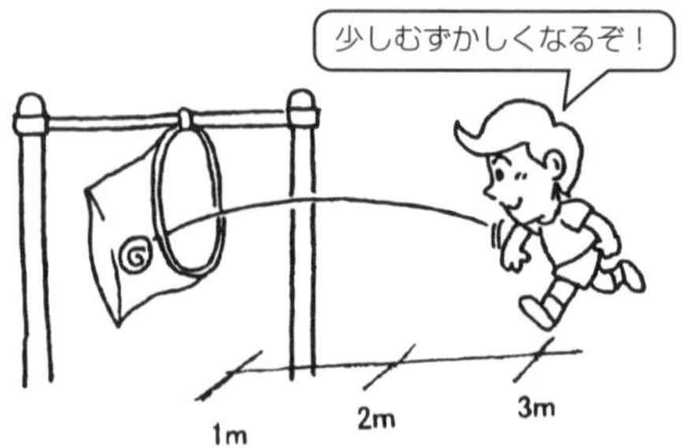
少しむずかしくなるぞ！
1m
2m
3m

③ストロー投げ：年少
（準備）ストロー，厚紙

④飛行機飛ばし：年中，年長
（準備）Ｂ５用紙，広告用紙

⑤風船アタック：年少～年長
（準備）風船，ひも

⑥的当て：年少，年中
（準備）フープ，段ボール，紅白の玉またはテニスボール

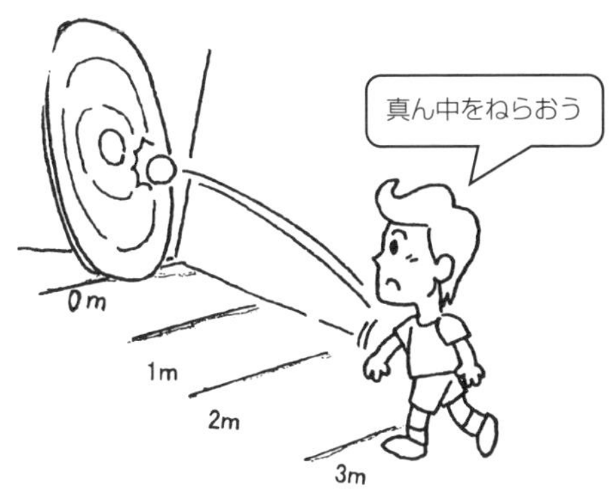

⑦的当て：年中，年長
（準備）30 cm 位の板，ひも，ブロック，紅白の玉

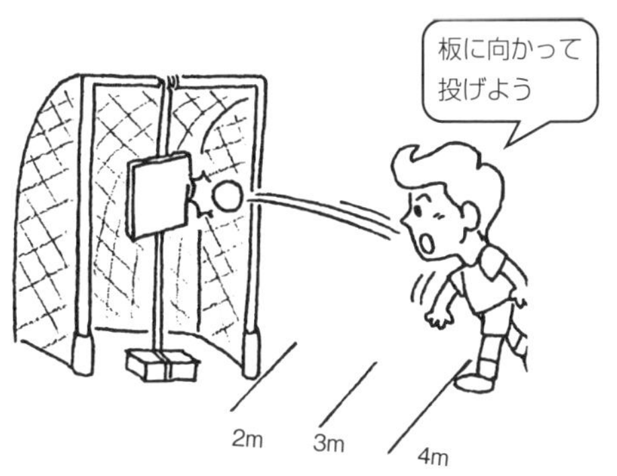

⑧フープ通し：年少～年長
（準備）フープ，ひも，紅白の玉またはテニスボール

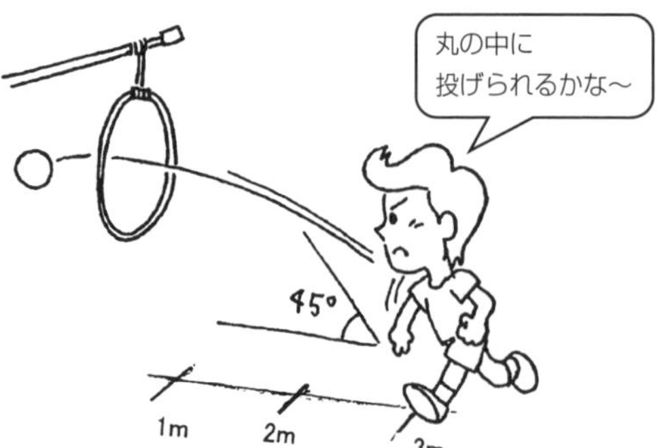
丸の中に
投げられるかな～
45°
1m
2m
3m

⑨ブーメラン（新聞紙を棒状にする）：年少～年長
（準備）新聞紙

手首の使い方が
重要だぞ！
しんぶんしを
まるめたもの。

（4）筋持久力（体支持持続時間）─体を支える運動遊び

腕の力を使って体をしっかりと支えよう。鉄棒やマットを使って腕の力をつけよう。

①お風呂：年少
（準備）鉄棒

②お風呂足打ち：年中，年長
（準備）鉄棒

バランスも
大事だよ

③お風呂お尻振り：年中，年長
（準備）鉄棒

落ちないように
しっかりとつかまろう

④カエル跳び：年少
（準備）マット

両手をしっかりと
マットにつこう

⑤ツバメ：年中
（準備）鉄棒

肘をしっかりと
はろう！

⑥ツバメの足打ち：年中，年長
（準備）鉄棒

腕はそのまま
足をパンパン

⑦カエル横跳び：年少，年中
（準備）イス，跳び箱１段目，マット

腰を移動させる
気持ちで！

⑧シャクトリムシ（大小）：年中
（準備）マット

の〜びて，縮んで♪
の〜びて，縮んで♪

⑨傘周り：年長
（準備）マット

片手でバランスを
とろう

⑩カエルの足打ち：年中，年長
（準備）マット

後ろ脚を
空中でたたこう

⑪足掛けブリッジ：年中，年長
（準備）平均台１台，マット

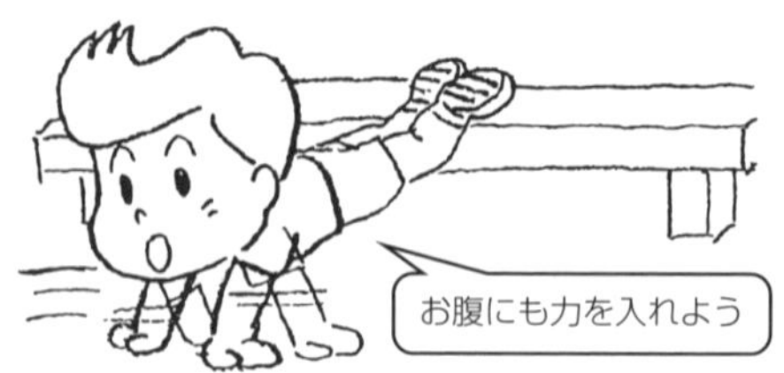
お腹にも力を入れよう

⑫クマさん歩き２本組み（間を空ける）：年中，年長
（準備）平均台２台，マット

後ろ脚が落ちない
ようにね！

（5）協応性（両足連続跳び越し）―リズムとジャンプの運動遊び

リズミカルにジャンプをしよう。友だちと競争しながら脚力を強くして速く跳ぼう。

①牛乳パックうさぎ跳び（1パック）：年少
（準備）牛乳パック1×5

リズミカルに♪

②牛乳パックうさぎ跳び（2パック）：年中，年長
（準備）牛乳パック2×5

③牛乳パックカンガルー跳び（3パック）：年長
（準備）牛乳パック3×5

高く遠くに
跳ぼう

④線踏みジャンプ（I字）：年少
（準備）メジャー，ライン

⑤線踏みジャンプ（U字）：年中，年長
（準備）メジャー，ライン

⑥線踏みジャンプ（S字）：年中，年長
（準備）メジャー，ライン

⑦コーンジャンプ：年少
（準備）コーン2×5

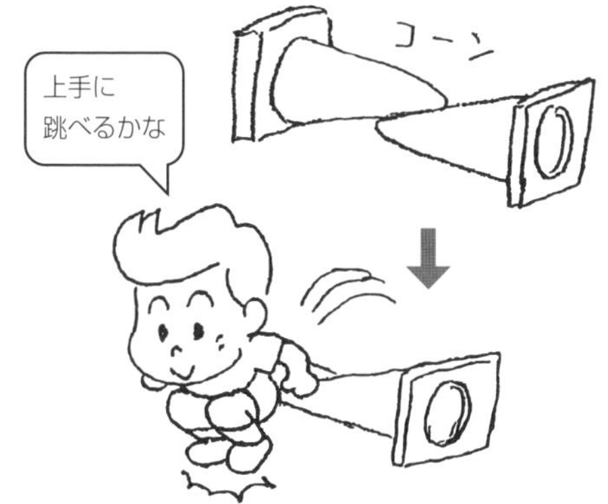
コーン
上手に
跳べるかな

⑧コーンジャンプ：年中，年長
（準備）コーン2×5

コーンの置き方が
違うぞ!!

⑨スキージャンプ：年少
（準備）フープ

⑩スキージャンプ：年中，年長
（準備）なわ

⑪クモの巣ジャンプ：年中，年長
（準備）平均台2台，ゴム5本

（6） 巧緻性（捕球）―うける運動遊び

飛んできた物を上手にうけよう。いろいろな大きさや重さによる変化に上手に対応しよう。

①風船キャッチ（手）：年少
（準備）風船

②風船キャッチ（新聞紙メガホン）：年中，年長
（準備）風船，新聞紙

③新聞紙ボールキャッチ（新聞紙メガホン）：年長
（準備）新聞紙

④ティッシュキャッチ：年少，年中
（準備）ティッシュ

⑤新聞紙キャッチ：年中，年長
（準備）新聞紙

⑥ハンカチキャッチ：年長
（準備）ハンカチ

⑦ビニール袋風船突き（片手・両手）：年少
（準備）ビニール袋，紙ふぶき，輪ゴム

⑧ビニール袋風船突き（片手・両手・足）：年中，年長
（準備）ビニ－ール袋，紙ふぶき，輪ゴム

⑨ビニール袋風船突き（片手・両手・肩・頭・足・ターン）：年長
（準備）ビニール袋，紙ふぶき，輪ゴム

⑩拍手キャッチ：年中，年長
（準備）ボール

⑪拍手・ターンキャッチ：年長
（準備）ボール

⑫ボール受け（のり巻きキャッチ）：年中，年長
（準備）ボール

直接キャッチ

⑬ボール受け（サンドウィッチ）：年長
（準備）ボール

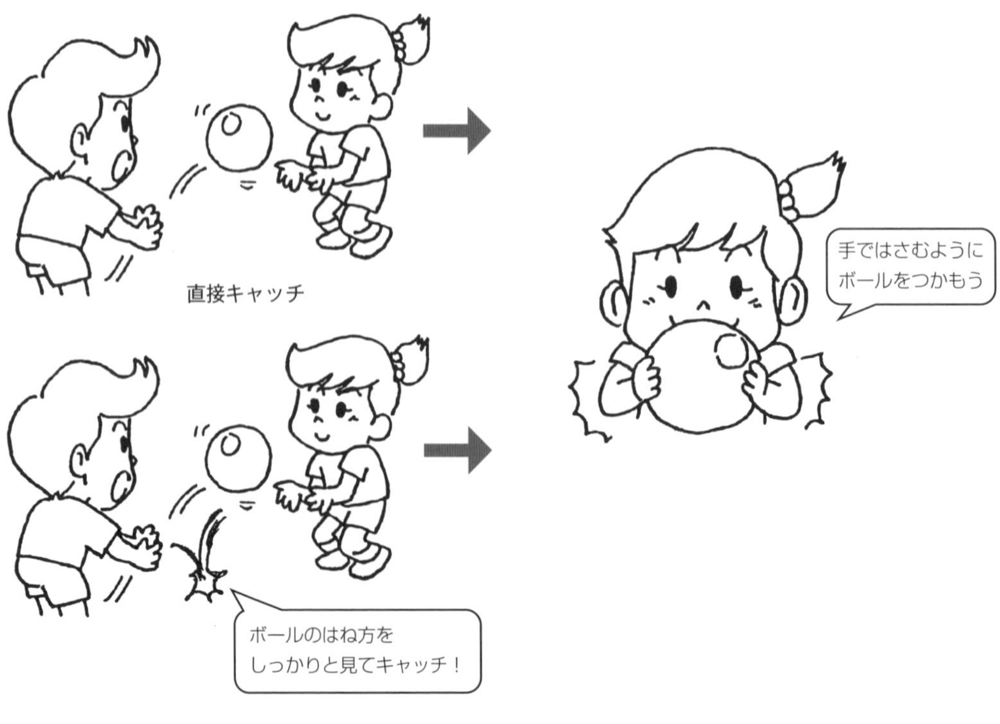

直接キャッチ

バウンドキャッチ

【参考文献】
1）文部科学省「幼児期運動指針」2012年
2）文部科学省「幼児期の運動に関する指導参考資料［ガイドブック］第一集」2015年
3）スポーツ庁「幼児期の運動に関する指導参考資料［ガイドブック］第二集」2016年

●表 4-1● 運動遊び一覧

種　目	年　少	年　中	年　長
(1)走能力（25 m 走）	①電車ごっこ（フープ） ④飛行機走り ⑦ハイハイ歩き ⑩シッポ取り（ふえ鬼） ⑬滑り台からボール転がし（テニスボール）	②電車ごっこ（ロープ） ⑤スパイダーマン（新聞紙） ⑧ハイハイ競争 ⑪鬼ごっこ（ドラゴンボール） ⑭滑り台からボール転がし（1 号球）	③電車ごっこ（棒） ⑥月光仮面（バスタオル） ⑨クマさん競争 ⑫氷鬼（小さいスペースで○□） ⑮滑り台からボール転がし（サッカーボール）
(2)跳能力（立ち幅跳び）	①フープでグージャンプ ④線踏みジャンプ（I 字） ⑦スキージャンプ（フープ） ⑩風船たたき	②フープでグーパージャンプ ⑤線踏みジャンプ（U 字） ⑧スキージャンプ（なわ） ⑩風船たたき	③フープでケンケンパージャンプ ⑥線踏みジャンプ（S 字） ⑨クモの巣ジャンプ（ゴムはり平均台） ⑩風船たたき
(3)投能力（ボール投げ））	①新聞紙玉入れ（下投げ・スローイン） ③ストロー投げ ⑤風船アタック ⑥的当て ⑧フープ通し ⑨ブーメラン（新聞紙を棒状にする）	②新聞紙玉入れ（横・上投げ） ④飛行機飛ばし ⑤風船アタック ⑦的当て ⑧フープ通し ⑨ブーメラン（新聞紙を棒状にする）	②新聞紙玉入れ（横・上投げ） ④飛行機飛ばし ⑤風船アタック ⑦的当て ⑧フープ通し ⑨ブーメラン（新聞紙を棒状にする）
(4)筋持久力 （体支持持続時間）	①お風呂（鉄棒） ④カエル跳び ⑦カエル横跳び	②お風呂足打ち（鉄棒） ⑤ツバメ（鉄棒） ⑧シャクトリムシ（大小） ⑩カエルの足打ち ⑪足掛けブリッジ（平均台） ⑫クマさん歩き 2 本組み（間を空ける）（平均台）	③お風呂お尻振り（鉄棒） ⑥ツバメの足打ち（鉄棒） ⑨傘周り ⑪足掛けブリッジ（平均台） ⑫クマさん歩き 2 本組み（間を空ける）（平均台）
(5)協応性 （両足連続跳び越し）	①牛乳パックうさぎ跳び（1 パック） ④線踏みジャンプ（I 字） ⑦コーンジャンプ（コーン） ⑨スキージャンプ（フープ）	②牛乳パックうさぎ跳び（2 パック） ⑤線踏みジャンプ（U 字） ⑧コーンジャンプ（コーン） ⑩スキージャンプ（なわ）	③牛乳パックカンガルー跳び（3 パック） ⑥線踏みジャンプ（S 字） ⑧コーンジャンプ（コーン） ⑪クモの巣ジャンプ（ゴムはり平均台）
(6)巧緻性（捕球）	①風船キャッチ（手） ④ティッシュキャッチ ⑦ビニール袋風船突き（片手・両手）	②風船キャッチ（新聞紙メガホン） ⑤新聞紙キャッチ ⑧ビニール袋風船突き（片手・両手・足） ⑩拍手キャッチ（ボール） ⑫ボール受け（のり巻きキャッチ）	③新聞紙ボールキャッチ（新聞紙メガホン） ⑥ハンカチキャッチ ⑨ビニール袋風船突き（片手・両手・肩・頭・足・ターン） ⑪拍手・ターンキャッチ（ボール） ⑬ボール受け（サンドウィッチ）

第5章 小学校における体つくり運動の実際

1 大阪市の取り組み

(1) 大阪市小学校教育研究会体育部—体つくり運動領域部の取り組み

大阪市小学校教育研究会体育部が作成する年間指導計画において，体つくり運動の配当指導時間数は表5-1の通りである。体育科の授業時間数が多い低・中学年では，この時期に多様な運動経験を積ませることの重要性から，配当時間数が多く設定されている。体つくり運動は他の「運動に関する領域」とは異なり，特定の技能を系統的に向上させることがねらいではない。そのため，どのような運動をどのようにして取り上げるのかといった指導者側の指導計画が重要となる。

● 表5-1 ● 大阪市の年間指導計画時間数

学　年	時間数
1年生	18時間
2年生	22時間
3年生	22時間
4年生	21時間
5年生	11時間
6年生	13時間

本市研究部では，体つくり運動における様々な教材・指導法の有効性について研究し，立案した指導案を基に検証授業を通して実践を重ねてきた。ここでは，小学校の**体つくり運動**における授業づくりの基本的な考え方や教材実践例を紹介する。

(2) 授業づくりの考え方

1 大切なのは指導者の視点

まず，低学年の**多様な動きをつくる運動遊び**で重要なのは，「様々な基本的な体の動きを楽しく経験し，動きの幅を広げる」という目的を指導者が明確にもつことである。そして，取り上げる動きに応じて，子どもの「やってみたい」という気持ちを引き出すための活動の場を工夫することが，低学年の授業づくりの大切な要素となる。

中学年の**多様な動きをつくる運動**でも，低学年と同様に，子どもが楽しみながら様々な動きが身に付くように活動の場を工夫することが大切である。また，指導者がねらいとする動きを子どもの活動の中から引き出すようにし，よい動きや運動の行い方のポイントを押さえていく。発達段階に応じた子どもの思考力・判断力・表現力も育んでいく。

高学年の**体の動きを高める運動**では，子ども自身が運動のめあてをもち，意欲的に活動に取り組めるような工夫が必要である。指導者は，子どもが自己の体への気付きや動きの高まりを実感できるよう，「運動との対話」という点についても考慮する。

これらの「何をどのように指導するか」という指導者の視点は，「何をどのように評価するか」ということでもあり，授業づくりの基盤となるものである。

② 活動の場づくり

学習指導要領解説には，体つくり運動において取り上げるべき多様な動きの例が示されている。特に，低・中学年の時期に身に付けておきたい基本的な動きは多岐にわたり，それらを計画的に取り入れていくことが求められている。低・中学年の多様な動きをつくる運動（遊び）の場合，表5-2の指導内容の(ア)～(オ)の運動（遊び）すべてを数時間の単元計画の中に取り入れるのは困難である。効率的な行い方の一例を挙げると，単元の中で重点的に取り組む内容を２つ選択し，その運動遊びの活動の場を体育館（運動場）に複数設定するなどして工夫する。子どもの人数にもよるが，いくつかのグループに分かれてローテーションで交代していく方法をとると，子どもたちは複数の活動の場で様々な運動の経験を積むことができる。その単元で取り組まなかった内容は，年間の別の単元で同様に設定すれば，指導項目のすべてに取り組むことができる。

活動の場をたくさん設定することで，子どもたちはいろいろな動きを経験することができるが，１つ１つの運動にていねいに取り組むことができるよう，活動時間が十分に確保されるように留意する。また，指導者は活動中によい動きをしている子どもを取り上げて周囲に紹介したり，動きのコツを共有したりする場づくりに努めていく。タブレットPCなどのICT機器を活用し，よい動きを授業の導入時や振り返りの際に見せることも有効である。

●表5-2● 体つくり運動の内容の構成

低学年	中学年	高学年
体ほぐしの運動遊び	**体ほぐしの運動**	**体ほぐしの運動**
多様な動きをつくる運動遊び (ア)体のバランスをとる運動遊び (イ)体を移動する運動遊び (ウ)用具を操作する運動遊び (エ)力試しの運動遊び	**多様な動きをつくる運動** (ア)体のバランスをとる運動 (イ)体を移動する運動 (ウ)用具を操作する運動 (エ)力試しの運動 (オ)基本的な動きを組み合わせる運動	**体の動きを高める運動** (ア)体の柔らかさを高めるための運動 (イ)巧みな動きを高めるための運動 (ウ)力強い動きを高めるための運動 (エ)動きを持続する能力を高めるための運動

小学校学習指導要領（平成29年告示）体育編の内容

③ 動きを発展させていく学習過程の構築

子どもの動きの質を段階的に高めていくことができる学習過程を考えることは，授業づくりを行う際の必要条件である。指導者の教材研究，すなわち，運動の特性を見極める力が問われる。誰でも簡単にできる「基になる動き」からスモールステップで動きの質を高めていくことができる学習過程を準備しておくことは，運動経験が少ない低学年の子どもや，運動に対して苦手意識を抱きやすい高学年の子どもにも有効な支援となる。低・中学年で多様な体の使い方を経験し，できる動きが徐々に増えていくと，動きにアレンジを加えたり，経験した動きを組み合わせたりすることにつながる。高学年では子どもの運動能力の個人差が大きくなってくるが，誰もが簡単にできる動きから始める学習過程があれば，自らの体力に応じた高め方を見付けることができる。また，仲間と共に活動に取り組むことで，動きの工夫はさらに広がる。子どもの探究的な学びとなるよう，段階的に体の動きを高めると同時に，思考力や判断力，表現力も育んでいけるように意識する。

2 授業実践例

（1） 体ほぐしの運動

1 教材と指導者の視点

「**体ほぐしの運動**」は，運動により心や体が変化することに気付いたり，仲間と共に関わりながら運動する楽しさを味わったりすることをねらいとする。単に運動に取り組み「楽しかった」という気持ちだけで終わらせるのではなく，子どもたちが心と体に向き合う学びの機会としていくことが大切である。そのため，指導者は児童の実態や発達段階に応じた教材を選ぶだけでなく，その組み合わせ方や工夫の仕方といったねらいを明確にしておく必要がある（図 5-1）。

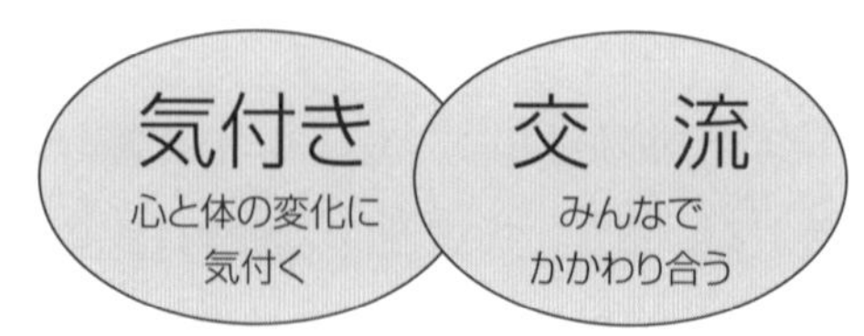

●図 5-1● 心も体もスイッチオン状態に！

具体的には，運動する前の気持ち・運動している時の気持ち・運動した後の気持ちを比べて振り返ることができるようにすること，自分や仲間の心や体の状態に注目し，どのように変化しているのかを感じ取ることができるようにすることが，指導および評価の観点となる。また，これらの特性から，体ほぐしの運動では運動面の評価は行わないこととする。

2 体ほぐしの運動例

体ほぐしの運動例をあげる（具体的な実施要領については 8 章参照）。

① のびのびとした動作で用具などを用いた運動：集団なわ跳び，ペア・グループでの風船運び。

② リズムに乗って，心が弾むような動作での運動：体じゃんけん，円形コミュニケーション。

③　互いの体に気付き合いながらのストレッチング：ペア・グループでのストレッチング。

④　条件を変えて，歩いたり走ったりする運動：様々なバリエーション（動作や人数等を変えて）でのウォーキングやジョギング（ペア・グループによる）。

⑤　伝承遊びや集団による運動（わらべ歌に合わせて様々に体を動かす。集団達成の経験を味わうことができる）：チャレンジ運動。

（2）多様な動きをつくる運動遊び（低学年）―用具を操作する運動遊び

1　教材と指導者の視点

①「**ぽっくり**」を使って―用具に乗るなどの動き

竹馬よりも簡単で，楽しみながら足の指先に力が入る歩き方を身に付けることができる教材である。いろいろな難易度のコースの場をつくり，歩く距離や向きを変化させることで動きを高めていく。指導者は，「やや前に体重をかけ，つま先のほうに力を入れて歩く」など，正しい動きを身に付けさせるために，上手にできるポイントを示すことが大切である。

②「**ボール**」を使って―用具を投げる，捕るなどの動き

1人で上に投げたボールを両手で捕るという動きから，姿勢を変えたり，ペアで行ったりして動きを発展させていく。ボールは0号の大きさで柔らかい素材のものが望ましい。ボールを扱う様々な運動の「基となる動き」の習得の場でもあるため，1つ1つの動きをていねいに取り上げていく。「動いているボールから目を離さない」「ボールの動きに合わせて少し手を引きながら捕る」などのポイントを示しながら，子どもの感覚を育んでいく。

③「**短なわ**」を使って―用具をくぐる，跳ぶなどの動き

教材のもつ楽しさを味わえるように取り上げる。「つま先でリズムよく跳ぶ」「なわの動きに合わせて跳ぶ」「回す人は肩から大きく回すと相手が跳びやすい」といった，「基になる動き」をていねいに取り上げ，楽しみながら取り組むことができるようにしていく。

2　授業づくりと単元計画

低学年の子どもには，運動の行い方や学習過程を提示するだけでなく，活動意欲を引き出すための工夫が必要である。たとえば，「○○名人になろう」「忍者の修行に挑戦」「○○小オリンピックに出場だ」などの運動の動機付けとなる活動テーマを伝えて，「やってみたい！」という子どもの心理面にも働きかけていくことも大事である。単元計画の立て方によっては，用具を操作する運動遊び以外の運動を活動の場の中に取り入れてもよい。表5-3は体を移動する運動遊びと組み合わせた単元計画の例である。楽しみながらそれぞれの運動に取り組む時間を十分に確保しつつ，安全面にも留意しながら授業づくりを行っていく。

●表 5-3●　単元計画の例（6 時間）「○○小オリンピックに出場しよう」

時	1	2　3　4　5	6
0	どのような種目が あるのかを知ろう 1．体ほぐしの運動遊び 2．単元のめあてを確認する 3．運動遊びを体験する	オリンピックに向けて，動きを高めよう 1．体ほぐしの運動遊び 2．本時のめあてを確認する 3．多様な動きをつくる運動遊びに取り組む ※毎時間 3 つの場 〈用具〉ぽっくりを使って 〈用具〉ボールを使って　〈用具〉なわを使って 〈移動〉跳ぶ，はねるなどの動き	○○小オリンピックに出場しよう 1．体ほぐしの運動遊び 2．できるようになった動きの発表会を行う 〈用具〉ぽっくり・ボール・なわ 〈移動〉跳ぶ，はねるなどの動き
45	4．次回の活動内容を知る。 整理運動	4．振り返り，整理運動	3．振り返り，まとめ，整理運動

③　動きを発展させていく学習過程の例

①「**ぽっくり**」を使って

	きょり	**むき**	**コース**
ステップ①	3 m あるく	まえむき	まっすぐ
ステップ②	5 m あるく	よこむき	ミニハードルコース
ステップ③	3 m あるく	うしろむき	くねくねコース

②「**ボール**」を使って

〔1 人で〕

ステップ①　なげあげてキャッチする。

ステップ②　なげあげてとるまでのあいだに手を 3 回たたいてキャッチする。

ステップ③　すわってなげあげてキャッチする。

ステップ④　ねころんでなげあげてキャッチする。

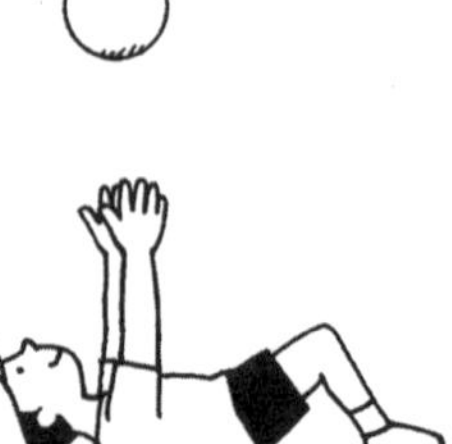

〔2人で〕

ステップ①　ころがしてキャッチする。

ステップ②　バウンドさせてキャッチする。

ステップ③　バウンドさせずにキャッチする。

※二人の距離を少しずつ離していく。

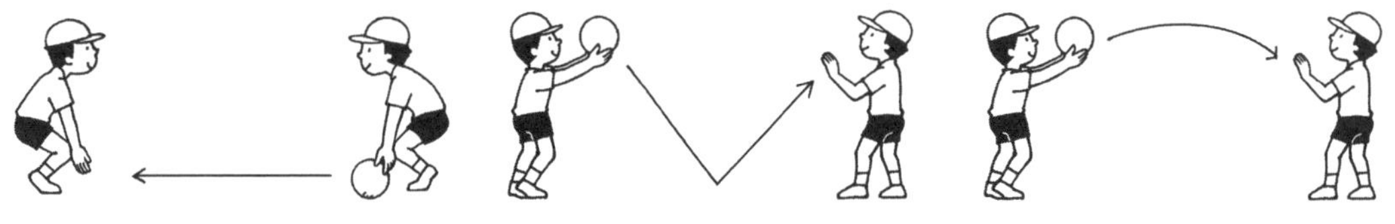

③　**短なわ**を使って

〔1人で〕

ステップ①　まえとびでれんぞく10回とぶ。

ステップ②　まえとびのかけあしとびでれんぞく10回とぶ。

ステップ③　グーパーとびで5回とぶ。

ステップ④　うしろとびでれんぞく10回とぶ。

ステップ⑤　うしろとびのかけあしとびでれんぞく10回とぶ。

〔グループで〕

ステップ①　こなみをとびこえる。

ステップ②　おおなみこなみを3回とぶ。

ステップ③　おおなみこなみのうたにあわせてとぶ。

ステップ④　上下にうごくなわにあたらずとおりぬける。

ステップ⑤　まわっているなわの中をとおりぬける。

(3) 多様な動きをつくる運動（中学年）—用具を操作する運動・基本的な動きを組み合わせる運動

1 教材と指導者の視点

ペアなわ跳び—用具を操作しながら移動するなどの動き

多様な動きをつくる運動の中の「用具を操作する運動」に加えて「体を移動するなどの動き」を取り入れることで，「基本的な動きを組み合わせる運動」に発展させていく教材である。低学年で身に付けた動きを基に，発展的かつ探究的に動きを工夫する学習過程を考え，子どもたちが楽しく夢中になって取り組めるような活動の場を設定していく。はじめは，「基になる動き」をていねいに取り上げ，ペアで行う簡単な動きから取り組んでいく。簡単な動きを意図的に組み合わせることで，難易度を少しずつ増していく。動きができたときの喜びをペアで味わいながら動きの質の高まりにつながるように工夫する。

指導者の問いかけや言葉がけなどは，子どもから動きのコツを引き出し，思考力・判断力などを育むうえでもとても大切な支援となる。たとえば，子どもが多様に運動をアレンジするような学習活動では，「とっても楽しい運動だし，よく工夫しているね。○○するともっとよくなるね」や，ペアやグループで互いに動きを紹介する場面では，「どんなことに気を付けると上手にできるの？」といった問いかけをしながら，動きのコツを引き出していき，それらをグループ内，全体で共有できるようにつなげていく。また，運動の楽しさを深めるために，毎時間の振り返り活動も充実させていく。

2 授業づくりと単元計画

限られた授業時間の中，多様な運動の経験を積ませることに重点を置いて計画を立てる。そのため，「なわ」以外の用具を操作する運動や，体を移動する運動なども取り入れ，多様な活動の場を用意する。45分の授業時間内で，3つの活動の場をローテーションで経験できるようにすると，運動の種類が豊富になるとともに運動量も確保される。また，ペアやグループを主体とした活動にすることで，自然と仲間との対話も増える。互いの動きの高まりにも気が付きやすい。表5-4は，複数の運動を取り入れた単元計画の例である。

●表5-4● 単元計画の例（7時間）「できる動きをもっとふやそう！」

時	1　2	3　4　5　6	7
0	いろいろな用具を使って，体を動かす楽しさを感じよう 1．体ほぐしの運動 2．単元のめあて確認 3．多様な動きをつくる運動を体験する 〈用具〉ペアなわ ①～③* など	いろいろな用具を使って，できる動きをふやそう これまでの動きを組み合わせて，できる動きをふやそう 1．体ほぐしの運動　2．本時のめあてを確認する。 3．多様な動きをつくる運動に取り組む。※毎時間3つの場 〈用具〉ペアなわ④～⑧* 〈用具＋移動〉ペアなわ⑨～⑫* 〈用具〉フープを使って 〈用具〉ボールを使って 〈移動〉バンブーダンス　跳ぶ，はねるなどの動き	みんながができるようになった動きを発表しよう 1．体ほぐしの運動 2．できるようになった動きの発表会を行う 〈用具＋移動〉ペアなわ　など 〈移動〉バンブーダンス大会
45	4．次回の活動内容を知る。整理運動	4．振り返り，整理運動	3．振り返り，まとめ，整理運動

＊：①～⑫は次頁以降

③　動きを発展させていく学習過程の例

ペアなわ跳び

ペアでシンクロ	**ステップ①**　２人で横にならび，スピードをそろえて前跳びを 30 回跳ぶ。 **ステップ②**　２人で横にならび，スピードをそろえて後ろ跳びを 20 回跳ぶ。 **ステップ③**　２人で横にならび，スピードをそろえてあや跳びを 20 回跳ぶ。 
心はひとつ！ペアなわ跳び	**ステップ④**　２人が横にならび，内側の手で相手のなわを持ち，２本のなわで，前跳びを 20 回連続で跳ぶ。 **ステップ⑤**　２人が向かい合い，１本のなわで，前跳びを 20 回連続で跳ぶ。 **ステップ⑥**　２人が横にならび，外側の手で１本のなわを持ち，前跳びを 20 回連続で跳ぶ。  ステップ④  ステップ⑤  ステップ⑥ **ステップ⑦**　１人が前跳びをしているときに，もう１人が回し手の前に入り，10 回跳んで抜ける（かぶりなわ）。 **ステップ⑧**　１人が後ろ跳びをしているときに，もう１人が回し手の前に入り，10 回跳んで抜ける（むかえなわ）。  ステップ⑦  ステップ⑧

ペアなわ跳びでレッツゴー!

ステップ⑨　2人が横にならび，内側の手で相手のなわを持ち，2本のなわで前跳びをしながらジャンプして進む。

ステップ⑩　2人が横にならび，内側の手で相手のなわを持ち，2本のなわでかけ足跳びをしながら進む。

ステップ⑪　2人が横にならび，内側の手で相手のなわを持ち，スキップやギャロップをしながら進む。

ステップ⑨

ステップ⑩

ステップ⑫　跳びながら進む（2人のオリジナルの動きを考える）。

ステップ⑪

（4）体の動きを高める運動（高学年）―体の柔らかさ・巧みな動きを高めるための運動

1　教材と指導者の視点

①　**長なわ跳び**―巧みな動きを高めるための運動

人や物の動きに対応してリズミカルに動くこと，タイミングよく動くこと，バランスよく動くこと，力を調整して動くことなどの動きを高めることをねらいとし，長なわをいろいろな用具を用いて跳ぶ教材である。1本のなわを跳ぶという「基になる動き」に用具を操作する動きが加わることで，巧みさが増す。

指導者は，学習を通して「タイミング」「リズム」「バランス」「調整」のいずれをねらいとして運動しているのかを子どもが意識できるように，視点を明確にして取り組ませる必要がある。子ども同士で動きのコツを発見したり，巧みな技を高めたりしていけるように，互いの動きを見て，気付きや考えを伝え合うことが大切である。そのために，「運動の場」と「交流の場」を考えて授業づくりを行う必要がある。また，「活動スペースが十分に確保されているか確認する」「跳ぶ人がひっかかってしまった場合はターナー（回し手）の人がすぐになわを放す」など，安全面を子どもに意識させることも大切である。

② **ペアストレッチ**（柔軟運動）—体の柔らかさを高めるための運動

「ペアストレッチ」は，体の各部位の可動範囲を広げることをねらいとした教材である。ストレッチと異なるのは，各運動のねらいをもって行い，自己の体の伸びについて考えることである。指導者は，児童が個々の課題を意識しながら，体力を高める目安（数値）をもつとともに，「はじめの頃より姿勢を維持することが楽になった」「前よりも大きく広げたり曲げたりできるようになった」などの体感を大切にして指導する。

② 授業づくりと単元計画

単元のはじめに，これまで低・中学年で身に付けた動きや組み合わせを基に，体力の必要性や体の動きを高めるための運動の行い方を説明し，学習に見通しをもつことができるようにする。自分の体力に応じためあてをもって取り組ませて，自己の体への気付きや動きの高まりが実感できるようにすることが大切である。表 5-5 は，6 年生の単元計画の例である。

●表 5-5● 単元計画の例（7 時間）「めざせ！巧み名人と柔らかさの極み」

時	1	2　3　4　5　6	7
0 45	どのような種目があるのかを知ろう 1．体ほぐしの運動 2．単元のめあてを確認する 3．運動を体験し，運動の仕方や特性を知る 4．次回の活動内容を知る。整理運動	できる技を組み合わせながら，巧みな動きや柔軟性を高めよう 1．体ほぐしの運動 2．本時のめあてを確認する 3．体の柔らかさおよび巧みな動きを高める運動に取り組む 〈巧み〉長なわとび 〈柔らかさ〉ペアストレッチ 4．振り返り，整理運動	『巧み名人』発表会をしよう 1．体ほぐしの運動 2．できるようになった巧みな動きの発表会を行う 〈巧み〉長なわとび 〈柔らかさ〉ペアストレッチ 3．振り返り，まとめ，整理運動

3　動きを発展させていく学習過程の例

グループ，または全体で，気付いた動きのコツやタイミングなどを互いに教え合いながら学習を進める。

①　長なわ跳び

条件を変化させて動きを工夫する

ステップ①　8の字跳び（かぶりなわ）　＊基になる動き

ステップ②　8の字跳び（むかえなわ）

ステップ③　長なわを跳んでいる中で，フラフープを回して跳ぶ。

ステップ④　長なわを跳びながら，外にいる人にボールをパスしてもらう。

ステップ⑤　長なわを跳びながら，ボールでドリブルをつく。

ステップ⑥　長なわを跳びながら，中で短なわを跳ぶ。

ステップ⑦　長なわを跳びながら，用具などを使ってオリジナルの技を考える。

- 回すスピードや人数（2人・3人）を変えて跳ぶ。
- 短なわをいろいろな跳び方に変える。
- 長なわを2本使って十字で回す…など。

ステップ④　　ステップ⑤

②　ペアストレッチ

上半身中心，下半身中心，バランスよく行うものの3セット（3種類）に分けて行う。リラックスできる雰囲気で行えるようにするため，オルゴールなどのゆっくりとしたテンポの曲をBGMにするなどして，場づくりも工夫する（具体的な実施要領については8章参照）。

【参考文献】

1）岡出美則ほか編著『体育科教育学入門（三訂版）』大修館書店，2021年

2）文部科学省『学校体育実技指導資料第7集「体つくり運動」（改訂版）』東洋館出版社，2013年

3）文部科学省『小学校学習指導要領（平成29年告示）解説体育編』東洋館出版社，2018年

第6章 中学校における体つくり運動の実際

1 体つくり運動について（大阪市の取り組み）

体つくり運動は，平成 29 年度改訂中学校学習指導要領において，中学校第 1 学年および第 2 学年では，体ほぐしの運動と体力を高める運動の構成から体ほぐしの運動と体の動きを高める運動，第 3 学年は体ほぐしの運動と実生活に生かす運動の計画に変更された。第 1 学年および第 2 学年では体ほぐしの運動は，「手軽な運動を行い，心と体との関係や心身の状態に気付き，仲間と積極的に関わり合うこと」がねらいとして示された。また，体の動きを高める運動は，「ねらいに応じて体の柔らかさ，巧みな動き，力強い動き，動きを持続する能力を高めるための運動を行うとともに，それらを組み合わせること」として示され，改訂前の体力を高める運動と同じである。第 3 学年の実生活に生かす運動の計画についても，「ねらいに応じて，健康の保持増進や調和のとれた体力の向上を図るための運動の計画を立て取り組むこと」とそのねらいが示され，改訂前と同じである。

また，引き続き，すべての学年で履修させるとともに，指導内容の定着がより一層図られるよう「指導計画の作成と内容の取扱い」に，授業時数を各学年で 7 単位時間以上を配当することが示されている。

大阪市においても，運動する子どもとそうでない子どもの二極化傾向と体力低下が大きな課題であり，発達の段階に応じて運動の楽しみや喜びを十分に味わえるようにすることが重要である。また，運動への関心や意欲を高め，自ら考えたり工夫したりする力を身に付けていくことが必要である。運動が好きな生徒，自主的に運動やスポーツに取り組む生徒の育成が，体力・運動能力の向上に繋がると考える。

大阪市立中学校教育研究会保健体育部では，平成 28 年，29 年に全市研究発表会において，「体つくり運動」の公開授業と，文部科学省主催「子どもの体力向上指導者研修」伝達講習会「体つくり運動」（平成 30 年度も実施）を実施し，大阪市における体つくり運動の推進に取り組んだ。ここでは，全市研究発表会で実施した実践例を基に，平成 29 年度改訂学習指導要領に即した体つくり運動の指導例を紹介する。

（1） 授業づくりの考え方

① **体ほぐしの運動**は，手軽な運動を行い，心と体の関係や心身の状態に気付くこと，仲間と積極的に関わり合うことをねらいとして行われる運動である。

② **体の動きを高める運動**は，中学校第１学年および第２学年では，体の柔らかさ，巧みな動き，力強い動き，動きを持続する能力を高めるためのねらいを設定して，自己の健康や体力の状態に応じて，体の動きを高める運動を行ったり組み合わせたりすることが求められる。

中学校第３学年では，体を動かす楽しさや心地よさを味わい，運動を継続する意義，体の構造，運動の原則などを理解するとともに，健康の保持増進や体力の向上を目指し，目的に適した運動の計画を立て取り組むことを学習することが求められる（表 6-1）。

●表 6-1● 内容の構成と指導時間

第１学年および第２学年	第３学年および高等学校入学次
体つくり運動	体つくり運動
体ほぐしの運動	体ほぐしの運動
体の動きを高める運動 (ア)体の柔らかさ，(イ)巧みな動き，(ウ)力強い動き，(エ)動きを持続する能力を高めるための運動	実生活に生かす運動の計画 (ア)健康に生活するための体力の向上を図る運動 (イ)運動を行うための体力の向上を図る運動

年間の指導時間数：各学年とも７時間以上

（2） 授業づくりのポイント

1 1年生および2年生

- **体ほぐしの運動**では，ねらいを関わり合わせながら，運動を経験するだけでなく，心や体の状態を軽やかにし，ストレスの軽減にも役立つなど，自他の心と体の関係や心身の状態を確かめながら学ぶことができるよう留意する。
- **体の動きを高める運動**では，効率よく組み合わせたり，バランスよく組み合わせたりする。効率のよい組合せとは，高めたい体の動きを一つ決め，それを高めるための運動である。バランスのよい組合せとは，ねらいが異なる運動を組み合わせることである。

　また，動きの組み合わせ方などの改善についてのポイントを発見したり，仲間との関わり合いや健康・安全などについての自己の取り組み方の課題を発見し，合理的に解決できるよう知識を活用したり，応用できるようにする。そして，自己の課題の発見や解決に向けて考えたりしたことを，他者にわかりやすく伝えられるようにする。

2 3年生

- **体ほぐしの運動**では，ねらいを関わり合わせながら，運動を経験するだけでなく，心や体の状態を軽やかにし，ストレスの軽減にも役立つなど，自他の心と体の関係や心身の状態を確かめ，仲間と自主的に学ぶことができるよう留意する。

- **実生活に生かす運動**の計画は，自己の日常生活を振り返り，健康の保持増進や調和のとれた体力の向上を図るために，体の動きを高める運動の計画を立てて取り組むことが大切である。

  指導に際しては，①ねらいは何か，②いつ，どこで運動するのか，③どのような運動を選ぶのか，④どの程度の運動強度，時間，回数で行うのかなどに着目して運動を組み合わせ，計画を立てて取り組み，一部の能力のみの向上を図るのではなく，総合的に体の動きを高めることで調和のとれた体力の向上が図れるように配慮する。

  また，これまで学習した知識や技能を活用して，学習課題への取り組み方を工夫できるようにしたり，自己や仲間の課題の発見や解決に向けて考えたりしたことを，他者にわかりやすく伝えられるようにする。

2 授業実践例

（1） 2年生実践例

1 単元の目標

- 次の運動を通して，体を動かす楽しさや心地よさを味わい，体つくり運動の意義と行い方，体の動きを高める方法などを理解し，目的に適した運動を身に付け，組み合わせること（知識及び運動）。

  ア　体ほぐしの運動では，手軽な運動を行い，心と体との関係や心身の状態に気付き，仲間と積極的に関わること。

  イ　体の動きを高める運動では，ねらいに応じて，体の柔らかさ，巧みな動き，力強い動き，動きを持続する能力を高めるための運動を行うとともに，それらを組み合わせること。

- 自己の課題を発見し，合理的な解決に向けて運動の取り組み方を工夫するとともに，自己や仲間の考えたことを他者に伝えること（思考力，判断力，表現力等）。
- 体つくり運動に積極的に取り組むとともに，仲間の学習を援助しようとすること，一人一人の違いに応じた動きなどを認めようとすること，話し合いに参加しようとすることなどや，健康・安全に気を配ること（主体的に学習に取り組む態度）。

② 単元の評価規準

知識および運動	思考力・判断力・表現力など	主体的に学習に取り組む態度
①体つくり運動の意義には，心と体をほぐし，体を動かす楽しさや心地よさを味わう意義があることについて，言ったり書きだしたりしている。 ②体の動きを高めるには，安全で合理的に高める行い方があることについて，言ったり書き出したりしている。 ③運動の組合わせ方には，効率のよい組合せとバランスのよい組合せがあることについて，言ったり書き出したりしている。	①体ほぐしの運動で，「心と体の関係や心身の状態に気付く」，「仲間と積極的に関わり合う」ことを踏まえてねらいに応じた運動を選んでいる。 ②体の動きを高めるために，自己の課題に応じた運動を選んでいる。 ③学習した安全上の留意点を，他の学習場面に当てはめ，仲間に伝えている。 ④体力の程度や性別等の違いを踏まえて，仲間とともに楽しむための運動を見付け，仲間に伝えている。	①仲間の補助をしたり助言したりして，仲間の学習を援助しようとしている。 ②一人一人の違いに応じた動きなどを認めようとしている。 ③ねらいに応じた行い方についての話し合いに参加しようとしている。 ④健康・安全に留意している。

③ 2年生指導と評価の計画

体つくり運動の指導と評価の計画

時	1	2	3	4	5	6	7
ねらい	体つくり運動の意義・目標についての理解および体ほぐしの運動の実践	体ほぐしの運動の実践および体の動きを高める運動を効率よく組み合わせる。		体の動きを高める運動をバランスよく組み合わせる。			体の動きを高めるための運動発表会およびまとめ
学習の流れ	1．学習の見通しを持ち，授業のルールを確認する。 •オリエンテーションを行い，学習の進め方のルールを確認する。 2．体ほぐしの運動を行う。 •体ほぐしの運動の目標を知る。「心と体の関係について気付き」「仲間と積極的に関わり合う」ことを意識しながら，体ほぐしの運動を実践する。	1．体ほぐしの運動を行う。 •「心と体の関係について気付き」「仲間と積極的に関わり合う」ことを意識させながら体ほぐしの運動を実践する。 •「心と体の関係について気付き」「仲間と積極的に関わり合う」ことで気付いたことをワークシートに記入する。 2．体の動きを高める運動を行う。 (1)４つの運動の確認（１年生の復習） •「体の柔らかさを高める運動」 ヨガ，ストレッチ，ペアストレッチなど •「動きを持続させる能力を高める運動」 踏み台昇降，縄跳びなど •「巧みな動きを高める運動」 布的当て，ラダー，跳び箱越え，バランスボード　など •「力強い動きを高める運動」 体幹トレーニング，腕立て伏せ（腕幅スタンス別，手押し車）腹筋，スクワットなど (2)体の動きを高める運動を効率よく組み合わせる。 •高めたい体の動きのねらいを１つ決め，体の動きを高める運動を組み合わせる。 3．体の動きを高める運動を実践し，気付いたこと感じたことをワークシートに記入する。		1．体ほぐしの運動を行う。 •「心と体の関係について気付き」「仲間と積極的に関わり合う」ことを意識しながら，体ほぐしの運動を実践する。 2．運動をバランスよく組み合わせる。 •ねらいを設定する参考のため，自身の体力テストの結果を振り返る。 •高めたい体の動きのねらいが異なる運動を組み合わせる。 •運動例を基に自身のねらいとする体の動きを高めるための運動を組み合わせる。 3．立てた運動の組み合わせを実践する。 •グループで補助や助言をしながら，各自が立てた運動の組み合わせを実践する。 4．運動の組み合わせを振り返る。 •自身のねらいに合った組み合わせが立てられたか，強度や時間，回数，頻度などは適切であったかを考察する。 •改善点や気付いたことをワークシートに記入する。 •考察した内容をグループで共有する。			1．各自が立てた運動の組み合わせを発表する。 •グループで「発表者」「観察者」「補助」に役割を分担させる。 •他グループの発表者の計画を観察し，気付いたことをワークシートに記入する。 2．まとめ •学習して身に付いたこと，今後の生かし方や目標をワークシートに記入する。 •グループで意見を交換する。
知・運	①	②		③			総括的評価
思・判・表		③	④		②	①	
態度	④		①	②		③	
評価方法	•観察 •ワークシート	•観察 •ワークシート	•観察 •ワークシート	•観察 •ワークシート	•観察 •ワークシート	•観察 •ワークシート	•観察 •ワークシート

4 本時の目標と展開（公開授業）（単元計画の第５時目）

• 本時の目標：ねらいを設定して，自己の健康や体力の状態に応じて，バランスよく体の動きを高める運動の組み合わせを見付けることができるようにする。

• 本時の学習評価：ねらいを設定して，自己の健康や体力の状態に応じて，バランスよく体の動きを高める運動の組み合わせを見付けている（思考力・判断力・表現力等）。

	学習内容・学習活動	指導上の留意点	評価方法および評価規準
はじめ	1. あいさつをし，健康観察を行う。 2. 体ほぐしの運動を行う。 ブラジル体操「気づき・仲間との積極的な関わり合い」	• 自身の心と体の状態を確かめながら行わせる。	
なか	3. 本時のねらいと学習内容を確認する。 ねらいを設定して，自己の健康や体力の状態に応じて，バランスよく体の動きを高める運動の組み合わせを見付けよう！ • 体の動きを高める運動を確認する。 4. ８分間の運動計画を立てる。 (1)自己の体力に応じて(ア)～(エ)の４つの運動群からそれぞれ１～３種類の運動例を選ぶ。 (2)運動例をもとに，ねらいに応じた運動の組み合わせをバランスよく立てる。 (3)グループでアドバイスや分担をし合う。 5. 体の動きを高めるための運動を行う。 (1)運動の計画に沿って８分間の運動を，前後半の２組に分けて行う。 • １つの運動群に１～２グループが取り組み，反時計回りにそれぞれの群を回っていく。 • ２分間で１つの運動群を行い，30秒の準備時間を与える。 • 補助が必要な場合はグループで行う。 《場の設定　図6-1》 (2)計画の振り返りを行う。 • 内容や強度などがねらいと合っていたか，効果をより上げるためにはどのような改善や工夫があれば良いかを考察する。	• 前時の学習内容を振り返らせる。 • 強度，回数，時間，頻度に無理のないよう計画させる。また，自身のねらいを達成するために有効だと考えられる運動を選ばせる。 • 補助などが必要な場合には，グループで分担させる。 《道具配置　図6-2》	評価：ねらいを設定して，自己の健康や体力の状態に応じて，バランスよく体の動きを高める運動の組み合わせを見付けている（思考力・判断力・表現力等②）。 ◎学習カードに運動を実際に行った感想を記入させることで自己の計画を振り返り，改善点やより高める方法を導き出す。
おわり	6. 本時のまとめを行う。 • 仲間と運動計画や実施した感想を共有し，参考となる部分を計画の修正に取り入れる。 • 次時の連絡をし，あいさつを行う。		

5 提示する運動例

(ア)柔らかさ：ボールころころ，ヨガ，棒くぐり

(イ)巧みさ：布的当て，ラダー，跳び箱越え，バランスボード

(ウ)力強さ：体幹トレーニング，腕立て（腕幅スタンス別，手押し車）

(エ)持続：踏み台昇降，なわ跳び

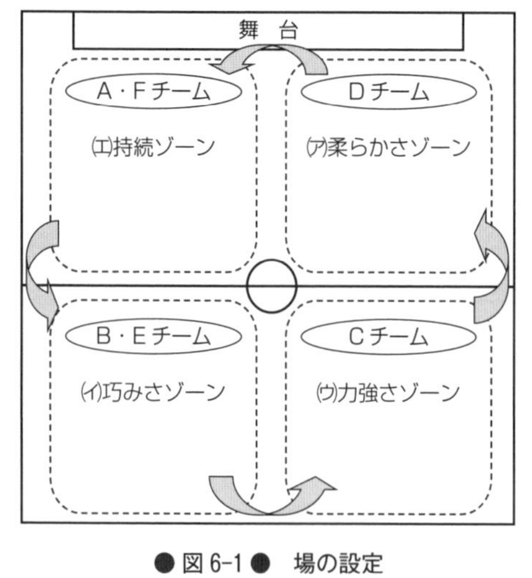

●図 6-1● 場の設定

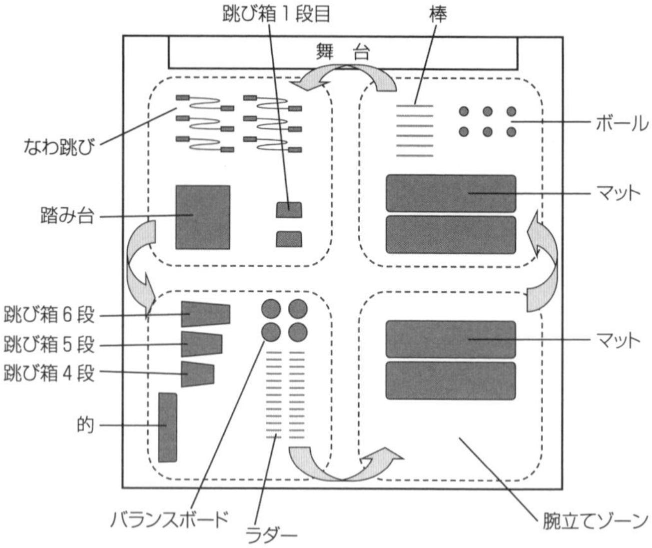

●図 6-2● 道具配置

(2) 3 年生実践例

1 単元の目標

- 次の運動を通して，体を動かす楽しさや心地よさを味わい，運動を継続する意義，体の構造，運動の原則などを理解するとともに，健康の保持増進や体力の向上を目指し，目的に適した運動の計画を立て取り組むこと（知識及び運動）。
  - ア 体ほぐしの運動では，手軽な運動を行い，心と体は互いに影響し変化することや心身の状態に気付き，仲間と自主的に関わり合うこと。
  - イ 実生活に生かす運動の計画では，ねらいに応じて，健康の保持増進や調和のとれた体力の向上を図るための運動の計画を立て取り組むこと。
- 自己や仲間の課題を発見し，合理的な解決に向けて運動の取り組み方を工夫するとともに，自己や仲間の考えたことを他者に伝えること（思考力，判断力，表現力等）。
- 体つくり運動に自主的に取り組むとともに，互いに助け合い教え合おうとすること，一人一人の違いに応じた動きなどを大切にしようとすること，話し合いに貢献しようとすることなどや，健康・安全を確保すること（主体的に学習に取り組む態度）。

② 単元の評価規準

知識および運動	思考力・判断力・表現力など	主体的に学習に取り組む態度
①定期的・計画的に運動を継続することは，心身の健康，健康や体力の保持増進につながる意義について，言ったり書きだしたりしている。 ②運動を安全に行うには，関節への負荷がかかりすぎないようにすることや軽い運動から始めるなど，徐々に筋肉を温めてから行うことについて，言ったり書き出したりしている。 ③運動を計画して行う際は，どのようなねらいを持つ運動か，偏りがないか，自分に合っているかなどの原則があることについて，言ったり書き出したりしている。	①ねらいや体力の程度を踏まえ，自己や仲間の課題に応じた強度，時間，回数，頻度を設定している。 ②健康や安全を確保するために，体力や体調に応じた運動の計画等について振り返っている。 ③課題を解決するために仲間と話し合う場面で，合意形成するための関わり方を見付け，仲間に伝えている。 ④体つくり運動の学習成果を踏まえて，実生活で継続しやすい運動例や運動の組合せの例を見付けている。	①仲間に課題を伝え合うなど，互いに助け合い教え合おうとしている。 ②一人一人に応じた動きなどの違いを大切にしようとしている。 ③自己や仲間の課題解決に向けた話合いに貢献しようとしている。 ④健康・安全を確保している。

③ 3年生指導と評価の計画

体つくり運動の指導と評価の計画

時	1	2	3	4	5	6	7
ねらい	体つくり運動の意義・目標についての理解・復習および体ほぐしの運動の実践	ねらいとする体の動きを高める運動を効率よくまたはバランスよく組み合わせる。		ねらいに応じた実生活に生かす運動の計画を立て実践する。			日常生活へつなげるおよびまとめ
学習の流れ	1．学習の見通しを持ち，授業のルールを確認する。 •オリエンテーションを行い，学習の進め方のルールを確認する。 •自身の体力テストの振り返りを行う。 2．体ほぐしの運動を行う。 •「心と体の関係について気付き」「仲間と自主的に関わり合う」ことを意識しながら，体ほぐしの運動を実践する。	1．体ほぐしの運動を行う。 •「心と体の関係について気付き」「仲間と自主的に関わり合う」ことを意識しながら，体ほぐしの運動を実践する。 2．体の動きを高める運動を行う。 •ねらいを設定する参考のため，自身の体力テストの結果を振り返る。 •運動例を基に，ねらいや体力の程度を踏まえ，自身の課題に応じた動きを高めるための運動を，効率よくまたはバランスよく組み合わせる。 3．立てた運動の組み合わせを実践する。 •グループで補助や助言をしながら，各自が立てた運動の組み合わせを実践する。 4．運動の組み合わせを振り返る。 •自身のねらいや体力の程度に合った組み合わせが立てられたか，強度，時間，回数，頻度は適切であったかを考察する。 •改善点や気付いたことをワークシートに記入する。 •考察した内容をグループで共有する。		1．体ほぐしの運動を組み合わせて行う。 •「心と体の関係について気付き」「仲間と自主的に関わり合う」ことを意識しながら，体ほぐしの運動を実践させる。 2．実生活に生かす運動の計画を立て，確認する。ペアの実生活に生かす運動の計画を立てる。 •2人1組（ペアをつくり，専属トレーナーになる)。 •運動例を基に，ねらいや体力の程度を踏まえ，ペアの課題に応じた強度，時間，回数，頻度を設定する。 •健康や体力の実態と実生活に応じて，運動の計画を立てる。 3．運動計画を実践する。 •グループやペアで補助や助言をしながら，ペアが立てた運動計画を実践する。 4．運動計画を振り返る。 •ペアのねらいや体力の程度を踏まえ，ペアの課題に応じた強度，時間，回数，頻度時間は適切であったかを考察する。 •改善点や気付いたことなどをワークシートに記入する。 •考察した，内容をグループで共有する。			1．体ほぐしの運動を組み合わせて行う。 •「気付き」「自主的に関わり合う」を意識しながら行う。 2．実生活に生かす運動の計画発表会 3．まとめ •学習して身に付いたこと，今後への生かし方や目標をワークシートに記入する。 •グループで意見を交換し，話合いに貢献する。
知・運	①	②		③			総括的評価
思･判･表		②	③		④	①	
態度	④		③	②		①	
評価方法	•観察 •ワークシート	•観察 •ワークシート	•観察 •ワークシート	•観察 •ワークシート	•観察 •ワークシート	•観察 •ワークシート	•観察 •ワークシート

4 本時の目標と展開（公開授業）（単元計画の第５時目）

- 本時の目標：体つくり運動の学習成果を踏まえて，実生活で継続しやすい運動例や運動の組合せの例を見付けることができるようにする（思考力・判断力・表現力など）。
- 本時の学習評価：体つくり運動の学習成果を踏まえて，実生活で継続しやすい運動例や運動の組合せの例を見付けている（思考力・判断力・表現力など）。

	学習内容・学習活動	指導上の留意点	評価方法および評価基準
はじめ 5分	1. 集合，整列（男女別２列横隊），健康観察 準備運動「声出し，ラジオ体操第一，柔軟運動」 2. 集合，黙想，出席確認，あいさつ	• 体育委員中心に行わせる。	
なか 40分	3. 本時のねらいと学習内容の確認 体つくり運動の学習成果を踏まえて，実生活で継続しやすい運動例や運動の組み合わせの例を見付けよう！ 4. 体ほぐしの運動を組み合わせて行う ※８～10人組をつくる。 運動例 • アイコンタクト 円になり中心を向き，顔を下に向ける。 「せーの」で顔を上げて，視線が合った生徒は握手を行う。 • 言うこと，やること 手をつなぎ円になる，授業者の「前・後・左・右」の号令に合わせ行う。 (1)言うこと一緒，やること一緒 (2)言うこと逆，やること一緒	• 自身の心と体の状態や，体と心の関係や変化を確かめながら行わせる。 • 仲間と自主的に関わり合いながら，体を動かす楽しさや心地よさを味わうことができるよう取り組ませる。 • 生徒同士がぶつからないよう安全に留意させる。	
	5. 実生活に生かす運動計画の確認 ペアの運動計画を考える。 • ２人１組をつくる ※ペアをつくり，専属トレーナーになる。 • ペアが考えてくれた運動計画の確認 ※８分間の運動の中で，実施，準備などの時間も自分たちで考える。	• ペアの心と体の状態を確認し，強度，時間，回数，頻度などを考える。	評価：体つくり運動の学習成果を踏まえて，実生活で継続しやすい運動例や運動の組み合わせの例を見付けている（思考力・判断力・表現力等④）。 ワークシート
	6. 実生活で生かす運動の計画の実施 • ８分間の運動を前後半の２組に分けて行う。 • 計画の振り返り・感想・身体の変化をワークシートへ記入。 • ペアへのアドバイス。	• 運動する場所や，補助の仕方など安全を確保させる。 • 運動中に声かけやアドバイスをさせる。 • 体と心の関係や変化，内容や強度，時間，回数，頻度などの改善，工夫，良かった点，悪かった点を記入させる。	
おわり 5分	7. 整列，整理運動 8. 本時のまとめ • 本時のまとめを行う。 9. 次時の連絡，あいさつ	• 発表させる。	

5　提示する運動例

柔らかさ：ヨガ，ストレッチ，ペアストレッチなど

巧みな動き：片足閉眼立ち，バランス崩し，ボールを使った運動，ラダートレーニングなど。

力強い動き：リバースプッシュアップ，ハムストリング，体幹トレーニング（腕立て伏せ，腹筋，背筋，スクワット），カーフレイズ，内転筋を鍛える運動など。

動きを持続する能力：踏み台昇降，なわ跳び，往復タッチ，インターバルトレーニング，もも上げなど。

【参考文献】

1）茨城県教育庁学校教育部保健体育課「学校体育指導資料　第49集」2020年
2）佐藤豊『中学校新学習指導要領の展開保健体育編』明治図書，2017年
3）大修館書店「最新中学校保健体育　評価規準作成資料」2020年
4）文部科学省「中学校学習指導要領（平成29年告示）」2017年
5）文部科学省「中学校学習指導要領（平成29年告示）解説保健体育編」2017年

第7章 高等学校における体つくり運動の実際

 大阪府立高等学校の現状

大阪府立高等学校（全日制課程・普通科，総合学科など）における「体つくり運動」の現状を把握するため，106校から「平成28年度 指導と評価の年間計画（**シラバス**）」を取り寄せ，必要に応じて聞き取り調査を実施し分析した。

各校の体育科シラバスの中に「体つくり運動」を明記して実践している学校は67校（63.2%）であった。その内，「体つくり運動」領域を独立した単元として明記している学校は33校（31.1%）であった（表7-1）。

また，学年ごとのシラバス中に「体つくり運動」を明記している学校は，1年男子が59校（55.7%），1年女子が63校（59.4%），2年男子が40校（37.7%），2年女子が44校（41.5%），3年男子が27校（25.5%），3年女子が27校（25.5%）であった（表7-2）。

体育科シラバスの中に「体つくり運動」を明記している学校が63.2%あり，36.8%の学校が「体つくり運動」領域の記載がない。記載のない学校については，ルーティーン的に日々の授業において，集合点呼の後，固定化された体操，ランニング，補強運動などを「体つくり運動」として実践している事例が多かった。すなわち記載のない学校は「体つくり運動」に対する意識が低く，学習指導要領の趣旨を十分理解できていないと思われる。

次に1～3年へ学年が進むにしたがって，「体つくり運動」領域のシラバスへの記載が減少傾向にある点については，入学から卒業までの3年間を見通して，早い学年で「体つくり運動」領域のねらいを生徒に理解させ，「体ほぐしの運動」を通して運動嫌いの生徒が運動を好きになるように指導する。そして「体力を高める運動」を指導し，体力の高め方を理解させて，後の器械運動からダンスまでの運動の特性に触れるため，自ら体力の高め方を考え，取り組む。そして生涯にわたって運動を実践できる力を養っていくため，1年生から「体つくり運動」領域に取り組ませていると考えられる。

性差については，女子体育の方が男子体育より「体つくり運動」領域を多く取り入れている傾向にある。これは「体ほぐしの運動」の実践は，音楽を使ったダンス領域と深く関わるところが

● 表 7-1 ●　シラバスの中に「体つくり運動」を明記している学校数

旧学区など	1 学区	2 学区	3 学区	4 学区	総合など	合計
調査校数	26	21	29	21	9	106
「体つくり運動」をシラバスに明記している学校数	17 65.4%	12 57.1%	18 62.1%	13 61.9%	7 77.8%	67 63.2%
「体つくり運動」を独立した単元として明記している学校数	9 34.6%	4 19.0%	11 37.9%	6 28.6%	3 33.3%	33 31.1%

出典：渡邉健一・三村寛一「高等学校体育科における「体つくり運動」の現状と課題」『大阪成蹊大学紀要』第 6 号，2020 年，pp. 427-440

● 表 7-2 ●　学年ごとのシラバス中に男女別に「体つくり運動」を明記している学校数

旧学区など	調査校数	1 年男子	2 年男子	3 年男子	1 年女子	2 年女子	3 年女子
1 学区	26	16	9	6	15	10	6
2 学区	21	11	9	7	11	10	7
3 学区	29	17	12	8	18	13	8
4 学区	21	9	5	2	13	6	2
総合など	9	6	5	4	6	5	4
合計	106	59	40	27	63	44	27
%		55.7%	37.7%	25.5%	59.4%	41.5%	25.5%

出典：渡邉健一・三村寛一「高等学校体育科における「体つくり運動」の現状と課題」『大阪成蹊大学紀要』第 6 号，2020 年，pp. 427-440

あり，リズムに乗って心が弾むような運動を女子体育の方が取り入れやすいためであると考えられる。

3 年生の体育におけるシラバスへの記載が男女同数であった点については，男女共習で生徒が種目（例えば，バレーボール，バスケットボール，バドミントンなど）を選択して取り組む選択制体育授業が，各学校とも主であることから同数になったと考えられる。なお，今後は全学年とも男女共習を実施していくことが求められる。

2　授業づくりの考え方（学習指導要領から）

（1）「体つくり運動」領域

「体つくり運動」領域のねらいは，体を動かす楽しさや心地よさを味わい，自己の体力や生活に応じた継続的な運動の計画を立て，実生活に役立てることができるようにすることであり，「体ほぐしの運動」と「実生活に生かす運動の計画」で構成されている[2)]。

高等学校では，令和 4（2022）年度から年次進行で新学習指導要領（2018）が実施される。今回の改訂では「体力を高める運動」を「実生活に生かす運動の計画」に改めている。

なお「内容の取扱い」について，体つくり運動の領域は「全ての生徒に履修させること」としている。また，各科目にわたる指導計画の作成と内容の取扱いにおいて，「授業時数を各年次で7～10単位時間程度を配当すること」としている[2)]。

体ほぐしの運動については，「全ての学年で取り扱うこと」とし，さらに，「器械運動からダンスまでの運動に関する領域においても関連を図って指導することができること」としている。その際，「『体ほぐしの運動』としての学習と各運動の領域で行われる準備運動，補強運動，整理運動などとの整理を図り，指導と評価ができるようにすること。また，『保健』における精神疾患の予防と回復などの内容との関連を図ること」としている[2)]。

体力を高める運動では，「日常的に取り組める運動例を組み合わせることに重点を置くなど指導方法の工夫を図ること[3)]」としていた。改訂された「実生活に生かす運動の計画」においても新学習指導要領におけるこの部分の文言は同じであるが，今回は知識と運動を関連付けて学習させ，運動の計画を立てて実践することで日常的に運動に取り組むことへつなげている。

（2）体ほぐしの運動

「**体ほぐしの運動**」は，心と体は互いに影響し変化することや心身の状態に気付くこと，仲間と（1年次は）自主的に，そして（2・3年次は）主体的に関わり合うことをねらいとして行われる運動である[2)]。

なお，「行い方の例」として次のように示している。

各年次において，以下の例などから運動を組み合わせ，ねらいに合うように構成して取り組み，実生活にも生かすことができるようにする。

- のびのびとした動作で用具などを用いた運動を行うことを通して，気付いたり関わり合ったりすること。
- リズムに乗って心が弾むような運動を行うことを通して，気付いたり関わり合ったりすること。
- 緊張したり緊張を解いて脱力したりする運動を行うことを通して，気付いたり関わり合ったりすること。
- いろいろな条件で，歩いたり走ったり飛び跳ねたりする運動を行うことを通して，気付いたり関わり合ったりすること。
- 仲間と協力して課題を達成するなど，集団で挑戦するような運動を行うことを通して，気付いたり関わり合ったりすること[2)]。

（3）実生活に生かす運動の計画

今回改訂された「実生活に生かす運動の計画」では，自己の日常生活を振り返り，自己のねらいに応じて，健康の保持増進や調和のとれた体力の向上を図るために，継続的な運動の計画を立てて取り組むことを目的としている[2)]。

なお，「実生活に生かす運動の計画」では，解説で2・3年次の扱いを次のように示している。

「自己のねらいに応じて」とは，例えば，体調維持，生活習慣病の予防などに関わる「健康に生活するための体力」の向上や，様々な身体活動やスポーツの実践に関わる「運動を行うための体力」の向上など，体力や生活の違いなどの個人個人のねらいに応じることである[2)]。

「健康の保持増進や調和のとれた体力の向上を図るための継続的な運動の計画を立て取り組む」とは，1年次で学習したことに加えて，設定したねらいによっては，食事や睡眠のとり方などの生活習慣を見直したり，施設や器具を用いず手軽に行う運動例を組み合わせたり，体力測定や実施した運動の記録などを参考にしたりして，定期的に運動の行い方を見直し，卒業後にも運動を継続することのできる運動の計画を立て取り組むことである[2)]。

今回の改訂では子どもの二極化現象を意識して，「自己のねらいに応じて，運動の計画を立てて取り組むこと」としている[2)]。その際，高校2・3年生の段階では自己のねらいとして次の4点が例示されている。①体調の維持などの健康の保持増進，②生活習慣病の予防，③調和の取れた体力を高めること，④競技力の向上や競技で起こりやすいけがや疾病の予防である[2)]。これら健康志向から競技志向までの4つのねらいから自己に応じたものを1つ選び，運動の計画を立てて取り組むこととしている。いわば，学校体育12年間の集大成であり，生涯体育スポーツへつなげる意図があるといえる。この「実生活に生かす運動の計画」を指導し，自己の体力や生活の状況に応じて楽しく意欲をもって継続的に取り組むことができるように運動の計画を立て，実生活に役立てることができるよう配慮する必要がある。

3 授業実践例

「体つくり運動（体ほぐしの運動）」と「**ラグビー**」を組み合わせた授業実践（単元計画7時間）。

（1）単元計画について

1 単元目標

① 単元の導入で1単位時間**ラグビーボール**を用いた「体ほぐしの運動」を実践することで，運動は楽しく，心地よいことを体感する。

② 2時間目以降は，授業のはじめにラグビーボールを用いた「体ほぐしの運動」を12分間実践することで，運動の楽しさや心地よさを体感する。そのことで，次の主運動（ラグビー）にスムーズに入っていけるようにし，主運動に積極的に取り組み，ラグビーの特性に触れる

ことで，より高いレベルで運動の楽しさを味わうことを体験する。

③　主運動（ラグビー）は，生徒の実態を把握した上で，生徒の能力（体力・技能）に応じたゲームを組み立て，つまり生徒が今持っている力でゲームを楽しみ，より高いレベルのゲームへ発展させていくものとした。

② 単元計画[4)]

（評価の観点：★関心・意欲・態度　●思考・判断　■運動の技能　▲知識・理解）

時間	学習内容・学習活動	学習目標	評価の内容
1	**• オリエンテーション** **• ラグビーボールを用いた「体ほぐしの運動」（50 分）**	**第 1 時 の 展 開 を 参 照**	
2 3	• 体ほぐしの運動（12 分） • パスの仕方 **• パスゲーム（4 対 4）**	• 運動の楽しさを体感する • 基本的な動作ができるようになる • パスゲームにおける運動の特性を理解する	★運動を楽しめているか ■技能を確認する ●▲パスゲームを理解できているか ★ゲームを楽しめているか ▲安全に留意してゲームをする
4	• 体ほぐしの運動（12 分） **• モールゲーム**	• 運動の楽しさを体感する • 班で作戦を立て，うまくいった場合，いかなかった場合を話し合い，より高いレベルのゲームができるようになる	★運動を楽しめているか ●自分たちの力に応じた作戦を考え，実行できているか ★モールゲームを楽しめているか ●自分や相手の安全に十分配慮しているか
5	**• 体ほぐしの運動（12 分）** **• ラインアウトゲーム**	**第 5 時 の 展 開 を 参 照**	
6	• 体ほぐしの運動（12 分） • 今持っている力で **7 人制ゲーム**を楽しむ （FW3・SH1・BK3）	• 運動の楽しさを体感する • ゲームの仕方を理解する • ゲームでグループ練習の成果を生かす • 課題の発見と工夫，解決	★運動を楽しめているか ●▲ 7 人制ゲームを理解できているか ●自分たちの力に応じた作戦を考え，実行できているか ★意欲的に取り組んでいるか
7	• 体ほぐしの運動（12 分） • より高まった **7 人制ゲーム**を楽しむ	• 運動の楽しさを体感する • チームの課題を把握し，より高いレベルをめざす	★運動を楽しめているか ★ 7 人制ゲームを楽しめているか

（2）第 1 時目について

① 第 1 時目の項目名

オリエンテーション，ラグビーボールを用いた「体ほぐしの運動」

② 第 1 時目の目標

①　2 人で協力しながらラグビーボールを用いた「体ほぐしの運動」の一つ一つの動きを確認する。

②　リズムに合わせて楽しく，ラグビーボールを用いた「体ほぐしの運動」を実践する。

③　ラグビーボールを用いた「体ほぐしの運動」を実践することで，運動の楽しさ，心地よさ

を体感する。

③ 第１時目の展開[4)]

（評価の観点：★関心・意欲・態度　●思考・判断　■運動の技能　▲知識・理解）

学習内容・学習活動	教員の支援・留意点・評価
・４列横隊に整列，集合点呼 ・本時の目標を理解する ・２人１組のペアを決める	・一人一人呼名し，生徒の健康状態を確認する ・２人で協力しながら楽しくラグビーボールを用いた「体ほぐしの運動」を実践させる ・ペアが均等になるように必要な支援を行う
・２人で協力しながらラグビーボールを用いた「体ほぐしの運動」の一つ一つの動きを確認する ・リズムに合わせて，ラグビーボールを用いた「体ほぐしの運動」を実践する	★運動を楽しめているか ★ペアで協力しているか（励まし合い） ・「がんばろう」「こうすれば，もっとうまくいくよ」など，声のかけ合いが積極的に行えるよう支援する ・ラジオ体操第２の音楽に合わせて，ラグビーボールを用いた「体ほぐしの運動」を実践させる ★運動の楽しさ，心地よさを体感できているか ・２人でまとまり，大きな声を出してできるように支援する
・今後の授業の進め方を知る	・授業のはじめにラグビーボールを用いた「体ほぐしの運動」を12分間実践することで，運動の楽しさや心地よさを体感する ・そのことで，次の主運動（ラグビー）にスムーズに入っていけるようにし，主運動に積極的に取り組み，ラグビーの特性に触れることで，より高いレベルで運動の楽しさを味わうことを体験させる
・本時の成果をふりかえる ・あいさつをする	・次時に意欲を持って取り組むことができるように，パスゲームのポイントを支援する

（３）第５時目について

① 第５時目の項目名

体ほぐしの運動（12分），ラインアウトゲーム

② 第５時目の目標

① ラインアウトゲームが意欲的に取り組めるよう，ラグビーボールを用いた「体ほぐしの運動」を楽しむ。

② 前時に習ったモールプレイを活用し，ラインアウトゲームを楽しむ。

③ 班で協力しながら作戦を立て，練習した成果をラインアウトゲームに生かす。

③ 第５時目の展開[4)]

（評価の観点：★関心・意欲・態度　●思考・判断　■運動の技能　▲知識・理解）

学習内容・学習活動	教師の支援・留意点・評価
• ４列横隊に整列，集合点呼 • 本時のねらいを確認する	• 一人一人呼名し，生徒の健康状態を確認する • ラインアウトゲームが意欲的に取り組めるよう，ラグビーボールを用いた「体ほぐしの運動」を楽しむ • 前時に習ったモールプレイを活用し，ラインアウトゲームを楽しむ • 班で協力しながら作戦を立て，練習した成果をラインアウトゲームに生かす
• ラグビーボールを用いた「体ほぐしの運動」を実践する	★運動を楽しめているか ★リズムに合わせて，ペアで意欲的に取り組めているか ★ペアで協力しているか（励まし合い） • 「がんばろう」「こうすれば，もっとうまくいくよ」など，声のかけ合いが積極的に行えるよう支援する
• ラインアウトゲームのねらいを理解する • 班ごとにラインアウトの練習をする • 隣の班とラインアウトゲームをする（試しのゲーム） • もう一度班ごとに練習する • 各班対抗で，ラインアウトゲームをする • 班ごとに反省をする	• サインを決め，スロワーとジャンパー，サポーターの役割を確認して練習できるよう支援する ●▲前時に学んだモールプレイを思い出しながら課題を持ってラインアウトの練習に取り組めているか • 班で練習したことをゲームに生かせるよう支援する ■班で練習したことをゲームで試しているか ★班で話し合い，次のゲームに生かせるよう練習しているか ★■練習したことを使って，ゲームを楽しめているか ●班で協力しながら作戦を立て，練習した成果をラインアウトゲームに生かすことができているか ●うまくいった点，いかなかった点を出し合い，その原因を具体的に捉えることができているか
• 本時の成果をふりかえる • 班での練習をゲームに生かせたか • 次時の内容（７人制ゲーム）やねらいを理解する • あいさつをする	• ラグビーボールを用いた「体ほぐしの運動」を楽しめたか • ラインアウトゲームにおいて，班で作戦を立て，うまくいった事例を発表し，お互い高め合うよう支援する • これまで学習したパスゲーム，モールゲーム，ラインアウトゲームを活用して７人制ゲームを楽しむ

（4）実践を終えて

① 準備運動は，ラグビーボールを用いた「体ほぐしの運動」に取り組ませた。そのことにより，主運動のラグビーに意欲的に取り組ませることができた。

② 主運動は，生徒の能力（体力・技能）に応じたゲームを組み立て，今持っている力で，できることから出発して，パスゲーム・モールゲーム・ラインアウトゲーム・７人制ゲームと段階を追ってより高いレベルのゲームへと発展させることができた。

③ ラグビーボールを用いた「体ほぐしの運動」に取り組ませたことにより，ラグビーの特性に触れることができ，主運動（ゲーム中心）をより高いレベルに高めることができた。

4 今後の方向性

「体つくり運動」領域の指導にあたっては，学習のねらいを明確にした指導が重要となる。体を動かす楽しさや心地よさを味わうことをねらいとする「体ほぐしの運動」と，自己の体力や生活に応じた継続的な運動の計画を立て，実生活に役立てることをねらいとする「実生活に生かす運動の計画」とで構成されていることから，それぞれの学習のねらいを明確にした指導が求められる。

その意味で，「体つくり運動」領域をシラバスに位置付け，意図的・計画的に指導することが大切である。

「体つくり運動」領域の取り扱い方のポイントとして，次の２つが考えられる。

１つ目は，「独立した単元としてシラバスに位置付ける」ことである。「体ほぐしの運動」を通じて，全ての生徒が体を動かす楽しさや心地よさを味わうようにする。その結果として，生涯にわたって積極的に運動やスポーツに親しんでいくように指導していく。また，「実生活に生かす運動の計画」を指導し，自己のねらいに応じて，健康の保持増進や調和のとれた体力の向上を図るために，継続的な運動の計画を立てて取り組むことができるように指導していく。なお，今後は全ての学校において，球技や水泳といった単元と同じように「体つくり運動」を独立した単元として取り扱うことが求められる。

２つ目は，「スポーツ・ダンス領域の主運動との関わりで，『体つくり運動』領域と関連付けて指導する」ことである。スポーツ・ダンス領域の指導に入ったら，それぞれの運動の特性に触れるために必要な体力は何か，それをどのようにして身に付けるのかを生徒自ら考えさせ，運動の計画を立て，実践・評価させることが重要となる。例えばバレーボールの単元に入ったら，バレーボールの特性にふれる（例，スパイクが決まった時の喜びを味わう）ため，瞬発力や敏捷性を高めるための補強運動を生徒自ら考えて，計画を立てることができるように指導する。そして，主運動のバレーボールの練習やゲームの際，身に付けたジャンプ力などを生かしてゲームを楽しむなどが考えられる。より運動の特性にふれ，運動の楽しさや喜びがさらに味わえ，もって生涯体育・スポーツにつながるように仕組んで指導することが大切である。

なお，各種運動に関連付ける際にも，「実生活に生かす運動の計画」を立案することができるように，２・３年次であれば，前述の４つの中から１つを選び，計画立案から実践につながるように指導していく必要がある。

以上のことから，体育嫌いの生徒が，体育が好きになり，自ら運動を実践できるようにするためには，シラバスに「体つくり運動」を位置付け，「体ほぐしの運動」と「実生活に生かす運動の計画」を指導することが大切となる。

平成28年度大阪府立高等学校において，シラバスに「体つくり運動」を明記していた学校は63.2%，独立した単元として明記していた学校は31.1%であった。高等学校では「体つくり運動」を独立した単元として取り扱えていない。これは「体つくり運動」領域を必修として捉えられていないためであると考えられる。また，各運動領域のウォーミングアップが「体つくり運動」であるという間違った認識をしている教員も多い。実際，「体つくり運動」で何を実践すればよいのか理解できていない教員も多いのが現状である。

特に「体ほぐしの運動」についてはなかなか理解が進んでいない。「体ほぐしの運動」のねらいは，体を動かす楽しさや心地よさを味わうことである。保健体育科教員は各種目の専門家の集まりであり，各教員はそれぞれのスポーツの導入で使えるノウハウ（運動文化）を持っている。その運動文化を教科で蓄積し，教員同士が共有し授業に生かすべきだと考えている。たとえば，ラグビーではグリッドシステムでのパスゲーム，サッカーではドリブルやリフティングなどがこれにあたり，各運動領域の導入としての「体ほぐしの運動」につながると考えている。その導入の部分をより一層ねらいをもって取り組むことができるようにしたり，発展的に生徒に運動の内容や運動の計画を立て実践したりすることができるように指導することが大切である。

入学から卒業までを見通し，保健体育科として生徒をどう育てるのか，そのために「体つくり運動」をカリキュラムにどう位置付け，どう取り組むかについて議論を深めることで，各校の実践につながることを期待したい。

【引用・参考文献】

1）渡邉健一・三村寛一「高等学校体育科における「体つくり運動」の現状と課題」『大阪成蹊大学紀要』第5号，2019年，pp. 313-322

2）文部科学省『高等学校学習指導要領解説保健体育編・体育編』東山書房，2018年

3）文部科学省『高等学校学習指導要領解説保健体育編・体育編』東山書房，2009年

4）渡邉健一・木原義憲・安部惠子・三村寛一「高等学校体育科における「体つくり運動」の現状と課題（第2報）」『大阪成蹊大学紀要』第6号，2020年，pp. 427-440

第8章 体つくり運動の展開

I 体ほぐし

1 体ほぐし運動

【体ほぐし運動の説明】

体ほぐし運動は，誰もが取り組める運動で，仲間と協力して楽しんだり，心と体のかかわりに気付いたり，心身の状態に気付くことを目的としています。

（1） 体ほぐしのペアストレッチ

「体ほぐし運動」は全校種に位置付けられている。**ペアストレッチ**を通じて「のびのびとした運動で心と体の関係に気付いたり仲間と積極的に関わり合う[1)2)]」ことができる。

ペアストレッチは立位，座位，仰臥位，伏臥位のポジションで行うことや，２人同時あるいは交互に交代して行うことができる。本節では，立位で２人同時に行える上下肢の大筋群のストレッチを選択した。

●立位で２人同時に行うペアストレッチのポイント

- 準備運動と整理運動のどちらでも行うことができる。
- ２人が同時に行えるため，時間の短縮につながる。
- 協力し合うことで，調整力が養われる。
- 自分のみならず，相手の体の調子も理解できる。

●言語指導

言語指導では，動作がスムーズになるよう，流れるような説明を行う。指導対象者により言葉の語尾に気を付ける。

踵を床に着ける動作の場合の例

- 踵を床に着けます。
- 踵を床に着けましょう。
- 踵を床に着けますよ。
- 踵を床に着けてね。

●図 8-1●　ふくらはぎ（腓腹筋）のストレッチ

・踵を床に着けるよ。

1 ふくらはぎ（腓腹筋）のストレッチ

●言語指導と流れ

①向かい合わせになりましょう。

②両手を合わせて肘を伸ばします（図 8-1A）。

③片足を大きく一歩後に下げ，踵をつけましょう（図 8-1B）。

④手のほうへ重心をかけ，体を一直線に伸ばしましょう。

⑤ふくらはぎの筋肉が伸びるのが分かりますか。

⑥反対側も同じように行いましょう。

●注意とポイント

・力を入れて押し合わないようにする。

・背中を丸めず，腰が反らないように行う。

・余裕のある場合は，もう少し足幅を広げる。

2 太腿部前面（大腿四頭筋）のストレッチ

●言語指導と流れ

①向かい合わせになり，右手で握手をしましょう（図 8-2A）。

②次に，左足を持ち，踵をお尻に近づけます（図 8-2B）。

③太腿の前が伸びているのが分かりますか。

④余裕のある場合は，踵をお尻に着けましょう。

⑤さらに余裕がある場合は，膝を後ろに引きます。

⑥さらに，筋肉が伸びるのが分かりますか。

⑦反対側も同じように行いましょう。

●注意とポイント

・軸足の膝が曲がらないように伸ばす。

・お互いにサポートしながらバランスを保つ。

・上体が前傾しないように伸ばす。

③ 大腿部後面（大腿二頭筋）のストレッチ

●言語指導と流れ

①向かい合わせになり，右手をつなぎます（図 8-3A）。

②片足を一歩前に出しましょう。

③上体を前傾させ，手は膝および太腿に置きます（図 8-3B）。

④余裕があれば腰を後ろに引き，さらに上体を前傾させましょう。

⑤太腿の後の筋肉が伸びているのが分かりますか。

⑥反対側も同じように行いましょう。

●注意とポイント

・つらい場合は，伸ばしている膝をゆるめる。

・余裕がある場合は，つま先を上げ脚の後ろ全体を伸ばす。

●図 8-2● 大腿部前面（大腿四頭筋）のストレッチ

●図 8-3● 大腿部後面（大腿二頭筋）のストレッチ

●図 8-4● お尻（大殿筋）のストレッチ

④ お尻（大殿筋）のストレッチ

●言語指導と流れ

①向かい合わせになり，手をつないだ時に上体がやや前傾になる姿勢で立ちましょう。

②右手のひらを下向き，左手のひらを上向きに手を添えます。

③右足を左の膝の上にのせます（図 8-4A）。両手を横に開き，軸足の膝を曲げながら上体を前傾させせます（図 8-4B）。

④右のお尻の筋肉が伸びているのが分かりますか。

⑤反対側も同じように行いましょう。

●注意とポイント

- 軸足の膝を曲げて，上体を前に倒す。
- お互いにサポートしながらバランスを保つ。

⑤ 胸部（胸筋）のストレッチ

●言語指導と流れ

①向かい合わせに立ちパートナーの肩に両手を置きます（図 8-5A）。

②顎を引きながら，上体を床の方向へ下げていきます（図 8-5B）。

③胸の筋肉が伸びているのが分かりますか。

●注意とポイント

- 肘を伸ばし，胸を張り，ゆっくり床の方向へ下げる。
- 反動をつけたり，無理に押し合わないようにする。

⑥ 上肢側部（広背筋，小円筋，外・内腹斜筋）のストレッチ

●言語指導と流れ

①横向きに立ち，内側の足をそろえて手をつなぎましょう（図 8-6A）。

●図 8-5● 胸部（胸筋）のストレッチ

●図 8-6● 上肢側部（広背筋，小円筋，外・内腹斜筋）のストレッチ

②外側の足を広めに開き，つま先を外に向けます。

③肩の力をぬき，腰を外側に引きます（図 8-6B）。

④外側の体側の筋肉が伸びているのが分かりますか。

⑤反対側も同じように行いましょう。

●注意とポイント

- 肘を曲げ，腕を引き合わないようにする。
- 余裕があれば，胸を前に向け天井を見る。

（2）リズムコーディネーション

リズムに乗って心が弾むような運動で体をほぐす[1)2)]。**リズムコーディネーション**は巧みに動かす能力を養い運動調節を高めます。

- 人数：1 人
- 場所：体育館，運動場
- 用意：音楽
- 運動効果：巧緻性，リズム感

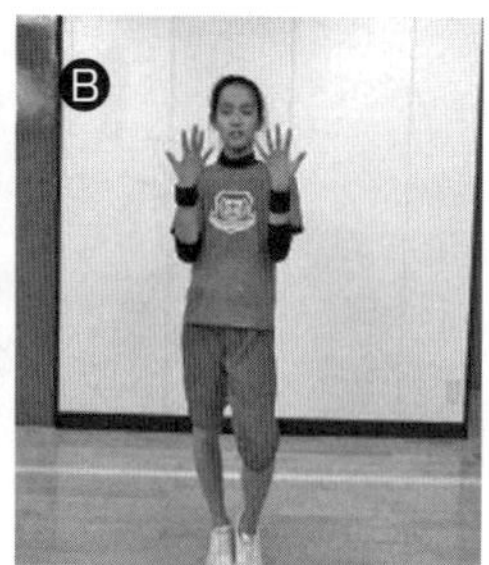

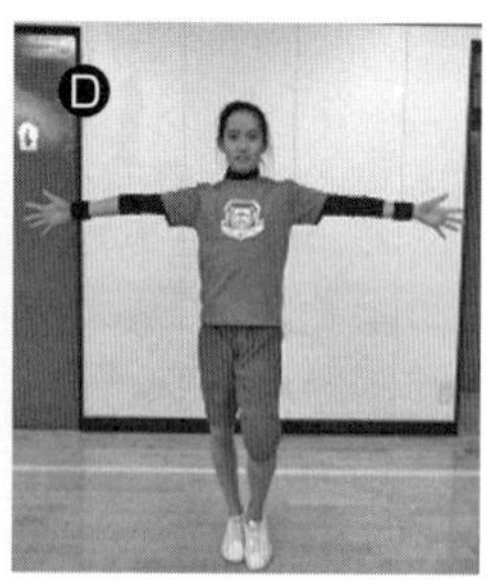

●図 8-7● 対称動作

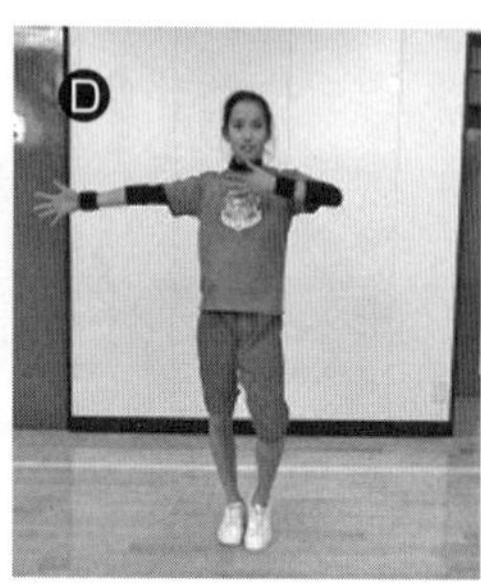

●図 8-8● 非対称動作

1 対称動作

●学習の進行

①肘を曲げて，手は胸元へ（図 8-7A）。

②肘を下へ下げる（図 8-7B）。

③手のひらを前にして腕を伸ばす（図 8-7C）。

④手を肩の横へ開く（図 8-7D）。

●ポイント

- 手の動きの練習を行う（はじめはゆっくりから，徐々に速く）。
- ステップ（歩く，走る，スキップ，サイドステップ等）の練習を行う。
- 手の動きとステップを組み合わせる。
- 音楽のリズムに合わせる。

2 非対称動作

●学習の進行

①右手は胸元，左手は横に伸ばす（図 8-8A）。

②左手上，右手は肘を下げる（図 8-8B）。

③右手上，左手は肘を下げる（図 8-8C）。

④左手は胸元，右手は横に伸ばす（図 8-8D）。

●ポイント

- 手の動きの練習を行う（はじめはゆっくり，徐々に速く）。
- ステップ（歩く，走る，スキップ，サイドステップ等）の練習を行う。
- 手の動きとステップを組み合わせる。
- 音楽のリズムに合わせて動く。
- 対称動作と非対称動作ができたら，２つの動きを組み合わせる。

3　２拍子（手）３拍子（足）のリズムコーディネーション

●学習の進行（図 8-9）

①足で３拍子のリズム（開く→開く→閉じる）で動く。

②手で２拍子のリズム（上げる→下ろす）で動く。

③①と②を組み合わせる。

例１

例１

	1	2	3	4	5	6
足	開　く	開　く	閉じる	開　く	開　く	閉じる
手	上げる	下ろす	上げる	下ろす	上げる	下ろす

例２

	1	2	3	4	5	6
足	開　く	開　く	閉じる	開　く	開　く	閉じる
手	上げる	下ろす	下ろす	上げる	下ろす	下ろす

●図 8-9●　２拍子（手）と３拍子（足）のリズムコーディネーション（写真は例１）
３拍子（手）と３拍子（足）のリズムコーディネーション（例２）

④音楽に合わせて動く。

⑤足の動きに変化をつけて（開く→閉じる→閉じる）動く。

●ポイント

- 手より足のリズムを意識する。
- 足のリズムは，タン（開く）・タン（開く）・トン（閉じる）などの擬音でイメージする。
- トンの閉じる動作にアクセントを置く。
- 慣れるまで足の動作は小さく。

（3）くぐり運動

【くぐり運動の説明】

仲間と動きを合わせたり，対応したりする運動です[1)2)]。

- 人数：2人～10人
- 場所：体育館
- 運動効果：調整力，協調性，バランス，リズム感

1 サークルくぐり抜け

●学習の進行

①内向きで手をつなぐ（図8-10A）。

②リーダーが手をつないでいる好きなところをくぐる（図8-10B）。

●図8-10● サークルくぐり抜け

③くぐり抜ける場所の人は手を高く上げる。

④くぐり抜けたら外向きになる（図 8-10C）。

⑤リーダーが片方の手を放して内向きにもどる（図 8-10D）。

⑥リーダーを変えて同様に行う。

●ポイント

- バリエーション：外向きで行う。手を放さず内向き外向き交互に行う[3)]。

2 ジグザグくぐり抜け

●学習の進行

①4～10 人でグループを作る。

②手をつなぎ一直線に並ぶ（図 8-11A）。

③先頭が 2 番目と 3 番目の間をくぐり抜ける（図 8-11B）。

④並縫いのようにくぐり抜ける（図 8-11C）。

⑤全員がくぐり横一列に戻る。

●ポイント

- ジグザグは大きく移動するとスムーズにできる。
- バリエーション：サークルくぐり抜けおよびバリエーションと組み合わせ工夫する。

●図 8-11●　ジグザグくぐり抜け

3 へびの皮むき

●学習の進行

①3～10 人でグループを作る。

②片手を股下から後ろに出し，手をつなぐ（図 8-12A）。

③最後尾から順に仰向けになる（図 8-12B）。

④仰向けの人を，足の間ではさむようにして順に転がる（図 8-12C）。

●図 8-12● へびの皮むき

●ポイント

- 後退するときの前後の間隔を保つ。
- 寝ころぶ人と後退する人のタイミングとリズムを合わせる。
- スムーズに動けるようになったら，連続して組み合わせる。
- バリエーション：人数を増やして行う。後ろから前へ移動する。

2 体のバランスを作る運動

【バランス運動】

緊張と脱力する**バランス運動**を通して体の調子に気付く。仲間と協力して課題を達成する。集団で挑戦する運動を通して気付いたり関わり合う。また用具を使い工夫する[1)2)]。

(1) いろいろバランス

- 人数：1 人～全員
- 場所：体育館
- 運動効果：バランス，柔軟性，協調性

●図 8-13● V字バランス

1 V字バランス（図 8-13）

●学習の進行

床やマットに膝を立てて座る。手を後ろに着いて両足を上げる。

●ポイント

- 足が上がらないときは，膝を曲げ手幅を広げ上体を後ろに下げて顎を引く。
- バリエーション：足を開いたり手を床から放すなど工夫する。数をかぞえたり，時間を決めるなど工夫する。

2 片膝バランス（図 8-14）

●図 8-14● 片膝バランス

●学習の進行

四つん這いの姿勢で片方の足を上げて，両手を放す。

●ポイント

- 軸足の膝から下はマットにつける。
- バリエーション：床を手で押しながら膝で回転する。速く回ってきたら手を放してみる。

3 Y字バランス（図 8-15）

●図 8-15● Y字バランス

●学習の進行

片足で立ち，もう片方の膝を曲げる。曲げた側の手で足首を持ち，膝を伸ばす。

●ポイント

- 伸ばしている膝が曲がっていても，軸足の膝はしっかり伸ばす。
- 足首が持てない場合は，膝の後ろを持つ。またはタオルなどを巻き補助具とする。
- バリエーション：2人で横に並び，肩を組む，手をつなぐなど工夫する。数をかぞえたり，時間を決めるなど工夫する。

4 水平バランス（図 8-16）

●図 8-16● 水平バランス

●学習の進行

両手を真横に伸ばし，胸を張り上体を前に倒す。倒すと同時に後ろ足を引き上げる。

●ポイント

- 胸を張りながら，顔は真っ直ぐにして視線は前を見る。軸足の膝は伸ばす。
- バリエーション：数をかぞえたり，時間を決めるなど工夫する。

5 組水平バランス（図 8-17）

●図 8-17● 組水平バランス

●学習の進行

横での水平バランス。横の人と手をつなぎ行う。

●図 8-18● 片足バランス

●ポイント

- 肘を伸ばせる距離を保って行う。互いのバランスを感じとりながら協調する。
- バリエーション：2人で向かい合わせになり，手をつないで水平バランスを行う。膝を曲げ伸ばしして，上下に移動させ，さらに協調性を高める。人数を増やしたり，工夫する。全員で数をかぞえたり，時間を決めるなど工夫する。

⑥ 片足バランス

●学習の進行（図 8-18）

軸足の前にタオルを置き，軸足を曲げるとともに上体を倒しタオルをとり，元のポジションに戻る。

●ポイント

- 上体を戻す時はあわてないように行う。体を倒す時も戻す時も同じ速さで行う。
- バリエーション：指で床に自分の名前を書く，数字の1から10までを書く，両手で書く，目をつぶって行うなど工夫する。

（2） 人間エレベーター

- 人数：2人から
- 場所：体育館
- 運動効果：バランス，調整力，協調性

① 膝立てバランス（2人）

●学習の進行（図 8-19）

向かい合わせになり，膝を立てる。肘を曲げ手か手首を持つ。互いに上体を後ろに倒していく。腕が伸びたら肘を曲げ最初の姿勢に戻す。

●図 8-19● 膝立てバランス

●ポイント

- 腰が引けないようにする。重心を後ろにかける。

② 向かい合わせエレベーター（2人）

●学習の進行（図 8-20A ～ C）

向かい合わせになり，互いの足を近づける。肘を曲げ，手か手首を持つ。重心のバランスを保ちながら肘を伸ばす。バランスを保ちながらしゃがんでいく。下まで行ったら最初の姿勢に戻る。

●ポイント

- お互い引き合うようにバランスを保ち，調子を合わせる。
- 慣れてきたら呼吸を合わせて行う。速さに変化を加える。
- バリエーション：人数を増やして行う（図 8-20D ～ G）。腕の組み方や足幅など工夫して行う。途中で止めてみる。

●図 8-20● 向かい合わせエレベーター

③ 背もたれエレベーター

●学習の進行

背中合わせになり，腕を組み床に腰をおろす。合図でタイミングを合わせる。背中に体重をかけ合うように上げ下げを行う（図 8-21A，B）。

●ポイント

- 背中で相手の重さを感じながらバランスを調整する。
- 1人で立とうとせず，相手に体をあずけるようにする。
- バリエーション：腕をはなして行う（背中を密着させ，相手に体重をあずけバランスをとる。

●図 8-21● 背もたれエレベーター

最初は膝の角度が 90 度くらいにする。慣れてきたら下までしゃがんで立つ［図 8-21C ～ E]）。人数を増やしていく（図 8-21F ～ H）。

（3） 組立バランス

- 人数：1 ～ 5 人
- 場所：体育館
- 運動効果：バランス，調整力，巧緻性，筋力

1 横臥位手つなぎ組立バランス（2 人）（図 8-22）

●学習の進行

横臥位になり，支持する手を互いに近づけ，もう片方は上で組む。

●ポイント

- 体が真横に一直線になるようにする。
- 上の手は，耳の横を通して真っ直ぐ伸ばす。

●図 8-22● 横臥位手つなぎ組立バランス

② 吊り橋（扇）（5人）（図8-23）

●学習の進行

真中の人が立ち，両端の人は手を床につけ，足を伸ばす。2人が間に入り，扇の形を作る。

●ポイント

- 手で腕をにぎる。
- 肘をしっかり伸ばし，胸を張り，体を真っ直ぐにする。
- はじめは，全員が腕を伸ばすことが難しいため，手の組み方を工夫する（中心部にかけて腕を伸ばすことが難しい）。
- バリエーション：少人数（3人）から行い，多人数で組立を工夫する。

●図8-23●　吊り橋（扇）

③ 馬立ち乗り（3人）（図8-24）

●学習の進行

土台の2人は頭を近づけ向かい合い，腕立て伏臥姿勢をとる。上に立つ人は片足ずつ乗り，両手を横に上げバランスをとる。しゃがんで手を足の近くに置き降りる。

●ポイント

- 土台の人は上体を反らさないように，背中を真っ直ぐに保つ。
- 立ち位置は，肩のラインを結んだ中心（肩甲骨の上あたり）。
- バリエーション：土台を縦向きにする。人数を増やし，組立を広げ工夫する（図8-25）。

●図8-24●　馬立ち乗り

●図8-25●　馬立ち乗りのバリエーション

④ 膝立乗り（図8-26）

●学習の進行

土台の人は向かい合わせで近づき膝を立てる。上に立つ人は，土台の頭や肩を支えにして，膝に立ち両手を横に上げバランスをとる。土台の人は，足を支える。

●ポイント

- 向かい合わせで同じ側の膝を立てる。
- 乗る人は膝を伸ばし，体を真っ直ぐにして立つ。
- バリエーション：土台が立位になり，膝の上に立つなど高さを変える。

●図8-26●　膝立乗り

●図 8-27● バランス渡り歩き
A：ロープ渡り　B：平均台渡り　C：平均台じゃんけん

（4）バランス渡り歩き

- 場所：体育館
- 用意：なわ，平均台，ボール
- 運動効果：バランス，調整力

1 ロープ渡り

●学習の進行

真っ直ぐに伸ばしたロープの上を歩く（図 8-27A）。

●ポイント

- 両手を広げて渡るとバランスがとりやすくなる。
- バリエーション：いろいろな形にする。2本ラインで手をつないで行うなど工夫する。

2 平均台渡り

●学習の進行

平均台の上を歩く。慣れてきたら少しずつ速く歩く（図 8-27B）。

●ポイント

- 両手を広げて渡るとバランスがとりやすくなる。
- バリエーション：ハイハイ，横歩き，後ろ歩き，真中で半回転後ろ歩き，真中で1回転，ロープをまたぐ，ロープをくぐる，2つの平均台で四足歩き，横歩き，クモ歩き，2人組で手つなぎ歩き，向かい合わせ横歩き（これらを組み合わせ工夫する）。

3 平均台じゃんけん

●学習の進行

平均台の両端にチームごとに1列に並ぶ。スタートの合図で平均台の上を歩く。出会ったと

● 図 8-28 ●　並び替え渡り

ころでジャンケンをする。負けた人は素早く平均台からおりる。次の人がスタートする。相手のチームの印のところに入ったら終了（図 8-27C)。

④ 並び替え渡り

●学習の進行

平均台に 4 ～ 6 人（平均台の大きさによる）ぐらいで横に並びに立つ（図 8-28A)。教師やリーダーの指示で場所を移動する（図 8-28B，C)。

●ポイント

- 相手をまたぐ，入れ替わるなど工夫する。
- チームでどのように並び替えを行うか話し合いをする。
- バリエーション：背の順，誕生日順，五十音順など工夫する。

（5）バランスボール

- 人数：1 人
- 場所：体育館
- 用意：バランスボール
- 運動効果：調整力，バランス

① ボールで弾む

●学習の進行（図 8-29）

姿勢を伸ばして，ボールの上で弾む。少しずつバウンドを大きくする。

●ポイント

- バウンドしながら，バランスがとれるポジションをさがす。
- バリエーション：弾みながら横に移動する。立ったポジションからバウンドし，もとに戻る。

●図 8-29● ボールで弾む

② お尻バランス

●学習の進行（図 8-30）

ボールの上にのり，足を床から離し保持する。

●ポイント

- はじめはボールの横を持って行うとバランスがとりやすい。
- 転がりそうになったら素早く手でボールを押えたり，足を床につける。
- バリエーション：時間を設定する。手のポジションを横，前，上と変えていく。慣れてきたらジャンケンなどを行う。

●図 8-30● お尻バランス

③ 背面バランス

●学習の進行（図 8-31）

- 伏臥位でボールの上に乗り，手足を床につける。
- 足を床から離し，体を真っ直ぐに伸ばして重心の位置をさがす。
- ポイントが見つかったら片手ずつ放す。
- スーパーマンのように手と足を伸ばしバランスをとる。

●図 8-31● 背面バランス

3 体を移動する運動

【体を移動する運動】

いろいろな条件で歩いたり走ったり跳びはねたりする運動を行うことを通して自分の動きに気付く[1)2)]。

(1) 動物歩き

- 人数：1人
- 場所：体育館
- 運動効果：調整力，バランス
- すべての運動で競争やリレーができる。

1 尻歩き

●学習の進行（図 8-32）

坐骨で床を押しながら前後に進む[4)]。

●ポイント

- 腕をふり全身で動く。右足を前に出す時に，右の腕を後ろにふる。
- バリエーション：後ろ向きや横向きに進む。手を上，前，横に上げる，カヌーをこぐように腕を振るなど工夫する。

●図 8-32● 尻歩き

2 背泳ぎ

●学習の進行（図 8-33）

仰向けになり膝を立てる。背泳ぎのように腕を振り，片足で床をける。

●ポイント

- 上体を左右にゆらしながら腕を大きく回す。
- バリエーション：片足で床をける。ラッコ歩き（足だけで進む）から直線的な背泳ぎ，うねりながらの背泳ぎへと変化させる[4]。

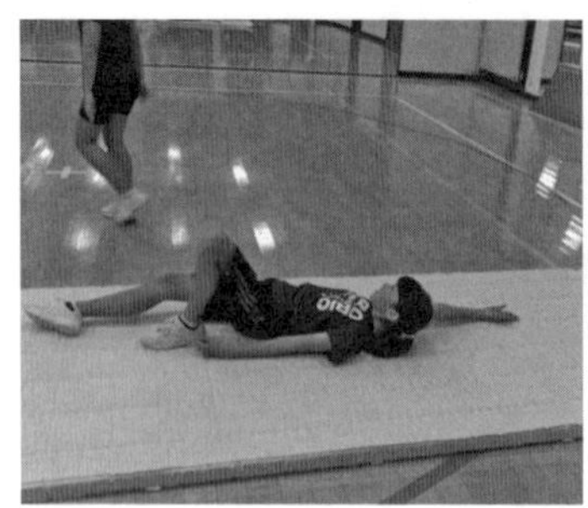

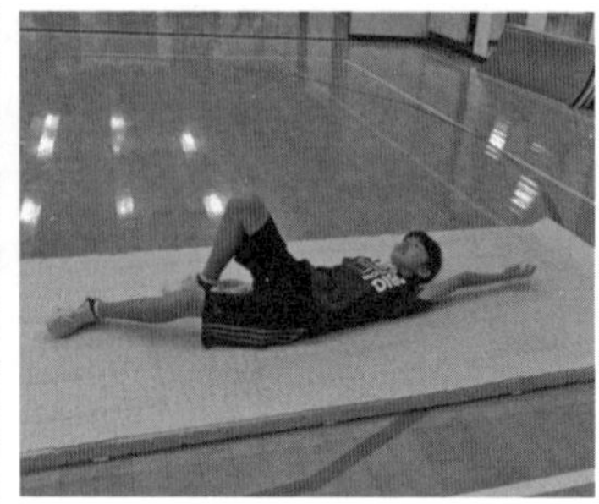

●図 8-33● 背泳ぎ

3 クマ歩き

●学習の進行（図 8-34）

高い腰位置で四つん這い歩行を行う。

●ポイント

- 右手・左足，左手・右足のいずれかから歩く。慣れたら，速く歩く。
- バリエーション：同じ手足を出して歩く，片足を上げて 3 足で歩く，後ろ向きや横向きに歩く。

●図 8-34● クマ歩き

4 ウサギ跳び

●学習の進行（図 8-35）

床を蹴り上げ，すばやく両手を前に着く。腰を高く上げ膝を曲げて，手の近くに足をおろす。

●ポイント

- 目線は，ついた手の前を見る。手をついた時，肘を曲げない。慣れてきたら，徐々に腰を高く上げる。
- バリエーション：すばやく，大きく，連続的に行う。小さな動きから大きな動き，遅い動きから速い動きを組み合わせる。

● 図 8-35 ●　ウサギ跳び

5 シャクトリムシ

●学習の進行（図 8-36）

腕立て伏臥姿勢で，下肢は床につける。腰を引き上げ，足を手に近づける。手を前につき腰を下げる。

●ポイント

- 反動を利用して，腰を引き上げる。目線は，手の間を見る。
- バリエーション：小さな動きから大きな動き，後ろ向きに歩くなど組み合わせる。徐々に大きく，速く，連続的に行う。

● 図 8-36 ●　シャクトリムシ

6 クモ歩き

●学習の進行（図 8-37）

仰向けの四つん這い姿勢で歩く。

●ポイント

- 肩と腰を引き上げて歩く。
- バリエーション：後ろ歩き，横歩き，早歩き。

● 図 8-37 ●　クモ歩き

7 ワニ歩き

●学習の進行（図 8-38）

四つん這いの姿勢で，肘と膝を深く曲げて歩く。

●ポイント

- 右手・左足，左手・右足と歩きながら背骨を左右にしならせ歩く。
- バリエーション：後ろに歩く。

● 図 8-38 ●　ワニ歩き

8 アザラシ歩き

●学習の進行（図 8-39）

うつ伏せで肘を伸ばし，足を引きずり歩く。

●ポイント

- 腕を前方に出し，床を強く押す。
- バリエーション：小さな動きから大きな動き，遅い動きから速い動きを行う。これらを組み合わせる。

●図 8-39●　アザラシ歩き

9 ナメクジ歩き

●学習の進行（図 8-40）

うつ伏せになり，両手を前方に伸ばす。手で体を引き寄せる。

●ポイント

- 肘をしぼり引き寄せる（ズボンは長いものが好ましい）。
- バリエーション：手で床を押して，後ろに進む（逆の動きを行う）。

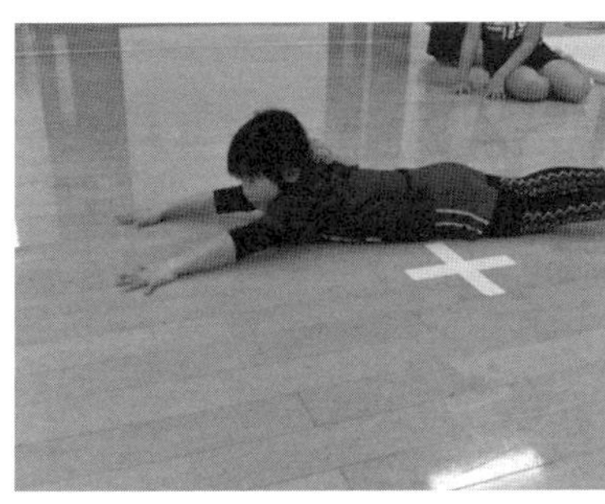

●図 8-40●　ナメクジ歩き

(2) 跳ぶ運動

1 抱え込みジャンプ・大ジャンプ・1回転ジャンプ（図8-41）

●ポイント

- 床をしっかり蹴って，腕を振り上げる。
- 回転は，腕を体の遠くから中心に素早く引き寄せる（はじめは90度，180度，270度と行う）。
- バリエーション：開脚ジャンプ，抱え込みジャンプ，反りジャンプなどできそうなジャンプを工夫する。

●図8-41● 跳ぶ運動
A：抱え込みジャンプ　B：大ジャンプ　C～E：1回転ジャンプ

2 人馬とび

●学習の進行

馬役は腕立て伏臥姿勢，跳ぶ人は馬役の肩の上に手をついて，横跳びを行う（図8-42A，B）。

●ポイント

- 床を蹴り，すばやく手で押す。
- 腰をすばやく進行方向に移動させる。
- バリエーション：方向，跳びかた（開脚，閉脚など），人数，形，連続とび（図8-42C）など工夫する。

●図 8-42● 人馬とび

③ リズムジャンプ

●学習の進行（図 8-43）

両足で連続的にジャンプする。太鼓や手拍子，音楽に合わせてジャンプする。教師やリーダーのリズムに合わせて動く。速く，ゆっくり，止まるなど適応性と調整力を養う。

●ポイント

- 足首，膝，股関節をやわらかく動かす。できるようになったら足首で強く蹴る。
- 前へ大きく移動するより，体を１本にして上へ跳ぶ。
- バリエーション：横跳び，後ろ跳び，回転跳び（90 度，180 度，270 度，360 度），組み合わせなどを工夫する。

●図 8-43● リズムジャンプ

④ 真っ直ぐケンケン（図 8-44）

●図 8-44● 真っ直ぐケンケン

●学習の進行

輪を１直線の等間隔に置き跳びこす（片足，両足）。

●ポイント

- 間隔と数は，各学年にあわせて設定する。
- バリエーション：輪の間隔を狭く，広く，ランダムに置くなど工夫する。
- ゆっくりからはやくなど速さを変える。

⑤ ジグザグケンケン

●学習の進行

輪を縦２列で並べ，右側を１段下にずらすように設置する。右側を右足で，左側を左足で左右交互に跳ぶ（図 8-45 A～C）。

●ポイント

- 縦横の間隔を短くから長く徐々に広げていく。
- バリエーション：右側を左足で，左側を右足で左右交互に交差させて跳ぶ（図 8-45 D～F）。縦横の間隔をランダムに設置し工夫する。

●図 8-45● ジグザグケンケン

4 用具を操作する運動

【用具を操作する運動の説明】

のびのびとした動作で用具などを用いた運動を行うことを通して，気付いたり，関わり合ったりする[1)2)]。

（1）ボール

1 ボールはさみ

- 人数：2人から
- 場所：体育館，運動場
- 用意：ボール
- 運動効果：調整力，バランス

●学習の進行（図8-46）

後ろ向きの姿勢でボールをはさみ移動する。

●ポイント

- ボールを保持する位置と，移動時の速さをあわせる。
- バリエーション：向かい合わせでする，いろいろな方向に移動する，はさむ場所を変える，ボールの数をふやしたり大きさを変える，人数を増やす，リレーを行うなど工夫する。

●図8-46● ボールはさみ

2 ボール投げとキャッチの組み合わせ

- 人数：1人
- 場所：体育館，運動場
- 用意：ボール
- 運動効果：敏捷性，調整力，バランス

●学習の進行（図 8-47）

ボールを投げて，手をたたきキャッチする（難しい場合は，１バウンドさせてキャッチ）。

●ポイント

- 投げる高さ，方向，タイミングを工夫する。
- バリエーション：手を床につき立ち上がる，１回転する，ジャンプする，前転する，横転する，後ろ回りなど各学年でできそうな動きを工夫する。

●図 8-47●　ボール投げとキャッチの組み合わせ

３　ボール的当て

●学習の進行

①高さや大きさを変えた的を壁に貼る（図 8-48A）。

②投げる位置にラインを引く。

③ボールを的に投げワンバウンドさせ，ラインをはみ出さないようにキャッチする（図 8-48B）。

●ポイント

- 立ち位置にボールが正確に返球できるようにコントロールする。
- 的の位置によって力の配分を考えて投げる。
- バリエーション：的当てを得点形式で競う（５球投げての総合点，グループの総合点）など

●図 8-48●　ボール的当て

工夫する。

4 バウンズとキャッチ

●学習の進行（図 8-49）

ボールをついてキャッチする。

●ポイント

- ボールをつく力加減，弾む高さ，方向，タイミングを工夫する。
- バリエーション：ボールをついて回転する，さまざまなポジション（座る，膝立て，寝る，とぶ）でキャッチする，大きさや形の異なるボールで行う，これらを組み合わせるなど工夫する。

● 図 8-49 ●　バウンズとキャッチ

（2）フープ

1 フープの基本操作

- 人数：1 人
- 場所：体育館，運動場
- 用意：フープ
- 運動効果：調整力，バランス

●学習の進行（図 8-50）

体のいろいろな部位（腰，腕，手，足）で回す，床で回す，転がす，跳ぶ。

●ポイント

- 右手と左手の両方で行う。
- バリエーション：フープの大きさを変えて行う，フープの数を増やす，歩く・走るなど移動する，これらを組み合わせる。

●図 8-50● フープの基本操作

② フープでパス

- 人数：2 人から
- 場所：体育館，運動場
- 用意：フープ
- 運動効果：調整力，バランス，敏捷性

●学習の進行

①フープを転がし，パスする（図 8-51A）。

②フープを投げてパスする（図 8-51B）。

●ポイント

- まっすぐパスする。バックスピン（手首を使い下向きに回転させる）をかけて転がす。縦や横にして投げる。合図などでタイミングを合わせる。
- バリエーション：徐々に距離を広げる。人数を増やす。フープの数を増やす。左右の手で行うなど工夫する。

● 図 8-51 ●　フープでパス

(3) なわ跳び

1　なわ跳び操作の基本

- 人数：1人
- 場所：体育館，運動場
- 用意：短なわ
- 運動効果：調整力，跳躍力

●学習の進行

頭の上で回す（図 8-52A）。体の横で回す（図 8-52B）。8の字に回す（図 8-52C）。

●ポイント

- 片手・両手で回す，跳ぶ，ゆっくりから速く回す，跳ぶ。
- 頭の上で肘を曲げたり伸ばして回す。
- 肘を体に近づけたり，放したりして横や8の字で回す。
- バリエーション：足の下で回す，反対の腕で回す，大波小波で跳ぶ，移動するなどスムーズに体を動かすタイミングを高める。

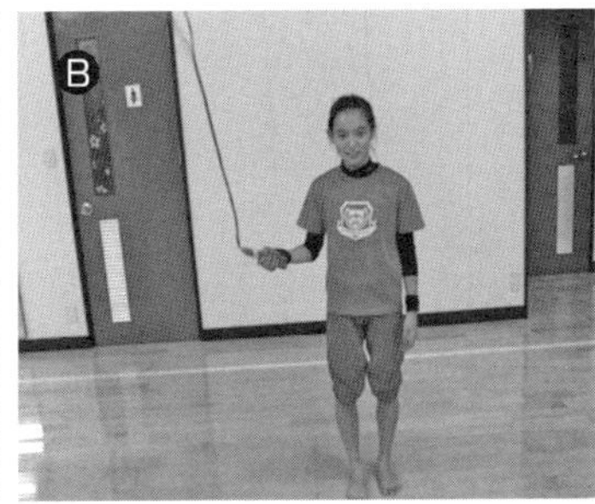

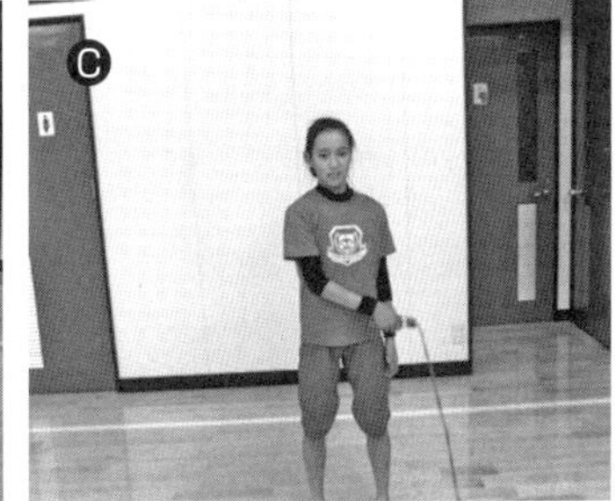

● 図 8-52 ●　なわ跳び操作の基本

② 大波小波（図 8-53）

● 図 8-53 ●　大波小波

- 人数：3 人から
- 場所：体育館，運動場
- 用意：長なわ
- 運動効果：調整力，跳躍力，協応性

●学習の進行

①1 人ずつ順になわに入り跳ぶ。

②小波から徐々に大波にする。

●ポイント

- みんなでリズムをあわせて跳ぶ。なわに入る，跳ぶ，出るタイミングを調整する。
- バリエーション：小波と大波をランダムに行う。

③ 短なわ跳び（図 8-54）

● 図 8-54 ●　短なわ跳び

- 人数：1 人
- 場所：体育館，運動場
- 用意：短なわ
- 運動効果：調整力，跳躍力，持続力

●学習の進行

①短なわ跳び前回し，2 度弾んで 1 回跳ぶ（1 回目で跳び 2 回目は弾む）。

②慣れたら，連続で跳ぶ。

●ポイント

- 弾みと回しのリズムをつかむ。手の回しと，足の跳ぶタイミングを合わせる。
- バリエーション：回数を増やす，速く跳ぶ，後ろ回し，あや跳び，交差跳び，2 重跳びなど工夫する。

④ タコの足切り

- 人数：6 人～多数
- 場所：体育館，運動場
- 用意：長なわ
- 運動効果：調整力，協応性，敏捷性，跳躍力

●学習の進行

①例として 12 人で行った場合，縦列に 4 人，横列に 3 人で並ぶ。

● 図 8-55 ●　タコの足切り

②列の両端で２人が長なわを持ち，上か下から列を走り抜ける（図 8-55A）。

③並んでいる人は順次なわを跳ぶ，または低くなる（図 8-55B）。

④最後まで走り抜けたら全員反対方向を向く。反対方向も行い繰り返す。

●ポイント

- なわに引っかからないように跳ぶ，または低くなる。
- バリエーション：速度を変える，なわの高さを変えるなど工夫する。

5　走り抜け（図 8-56）

- 人数：3 ～10 人
- 場所：体育館，運動場
- 用意：長なわ
- 運動効果：調整力，敏捷性

● 図 8-56 ●　走り抜け

●学習の進行

２人がなわを回す。回しているなわを走り抜ける。

●ポイント

- なわに入るタイミングをつかむ。なわが床についたタイミングで走る。
- バリエーション：速さに変化をつける。８の字走り抜けを連続して行う。

6　長なわ跳び（図 8-57）

- 人数：３人から
- 場所：体育館，運動場
- 用意：長なわ
- 運動効果：調整力，協応性，リズム性

● 図 8-57 ●　長なわ跳び

●学習の進行

2人が長なわを回して，順に跳ぶ。

●ポイント

- 1人ずつ長なわを跳ぶ。手前のなわが床についたら中に入る。
- バリエーション：順番に入り，決めた回数を跳ぶ。一定数になって決めた回数を跳んだら順に出る。集団で一斉に入り跳ぶなど工夫する。

Ⅱ　体の動きを高める運動

1 体の柔らかさを高めるための運動

【体の柔らかさを高めるための運動の説明】

全身や体の各部位を振ったり回したりすることや，曲げたり伸ばしたりすることによって体の各部位の可動範囲を広げることをねらいとして行われる運動[1)2)]。

（1）ダイナミックストレッチ

1 手を前後に振る（屈曲／伸展）

腕の振りと，足の振りを合わせダイナミックかつリズミカルに動く。下肢は，膝を曲げてもよい（図8-58）。

2 手を横から上下に振る（外転／内転）

上下で手拍子を行う。肩甲骨を寄せるように手を後ろに引く（図8-59）。

3 肘を曲げて前から上下に動かす（外旋／内旋）

両手を横に広げ，上下90度に曲げる。歩きに合わせて腕を上下に動かす。肘の位置が動かないように行う（図8-60）。

4 手を前に交差，後ろに引き寄せる（水平内転／水平外転）

手前で交差，後ろへ引く。前交差では肩甲骨を開き，後ろでは肩甲骨を寄せる。手の動きと足の歩きのタイミングを合わせる（図8-61）。

● 図 8-58 ●　手を前後に振る

● 図 8-59 ●　手を横から上下に振る

● 図 8-60 ●　肘を曲げて前から上下に動かす

● 図 8-61 ●　手を前に交差，後ろに引き寄せる

●図 8-62●　左右に腰をひねる

●図 8-63●　フロントランジをしながら上体を斜め後ろにひねる

5　左右に腰をひねる（脊柱回旋筋）

歩きながら左右に体をひねる。歩くタイミングとひねるタイミングを合わせる。歩幅が広いと大きくひねることができる。(図 8-62)

6　フロントランジをしながら上体を斜め後ろにひねる（腸腰筋，脊柱回旋筋，大胸筋，腹斜筋）

大きく足を踏み出し，体を斜め後ろに捻る。下の手を踵に近づけ，後ろの膝を床に近づける(図 8-63)。

7　背中を丸め肘と膝を近づける（大殿筋，脊柱起立筋，広背筋）

膝を振り上げ背中を丸め，交差して肘と膝を近づける。1 で引き寄せ 2・3・4 は歩く（あるいは 1・2・3 は歩き 4 で引き寄せる)。足は左右交互になる。連続して行っても良い（図 8-64)。

8　足を前に振り上げる（大殿筋，ハムストリングス）

背中を伸ばし，足を振り上げる。手と足先を近づける。1 で振り上げる。2・3・4 は歩く(あるいは 1・2・3 は歩き 4 で振り上げる)。足は左右交互になる。連続して行っても良い（図

●図 8-64● 背中を丸め肘と膝を近づける

●図 8-65● 足を前に振り上げる

8-65)。

⑨ 膝を伸ばして足を振り上げ体をひねる（大殿筋，ハムストリングス，脊柱回旋筋）

足を前方に振り上げ，上体をひねる。1で足を振り上げる。2・3・4は歩く（あるいは1・2・3は歩き4で振り上げる）。足は左右交互になる。連続して行っても良い（図8-66）。

⑩ 足を横に振り上げる（内転筋）

上体を真っ直ぐ伸ばし，足を側方に振り上げる。1で足を振り上げ2・3・4は歩く（あるいは1・2・3は歩き4で振り上げる）。足は左右交互になる。連続して行っても良い（図8-67）。

⑪ 股関節の回旋（内回し／外回し）

①股関節の外回しを行う。1で足を外から回し2・3・4は歩く（あるいは1・2・3は歩き4で回す）。足は左右交互になる。

②膝で大きな円を描けるように行う。内回しも同様に行う（図8-68）。

●図 8-66● 膝を伸ばして足を振り上げ体をひねる

●図 8-67● 足を横に振り上げる

●図 8-68● 股関節の回旋

(2) ペアストレッチ

1 上腕二頭筋，三角筋

●指導と流れ

①うつ伏せになり，両手を下げる。

②パートナーは，両手を持ち上げる（図 8-69A）。

③両手を前へ押す。

④動きが止まったところで保持する（図 8-69B）。

⑤腕の前側が伸びているのが分かるか確認する。

●注意とポイント

- かたい人は手の幅を広くして前に押す。
- ゆっくり押す。
- 腕を回しながら押す。

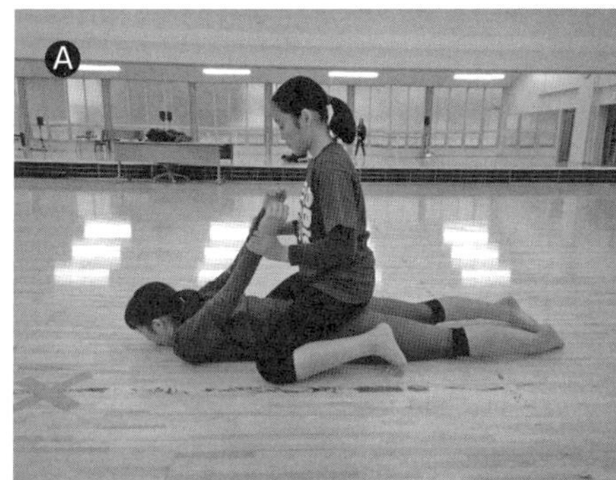

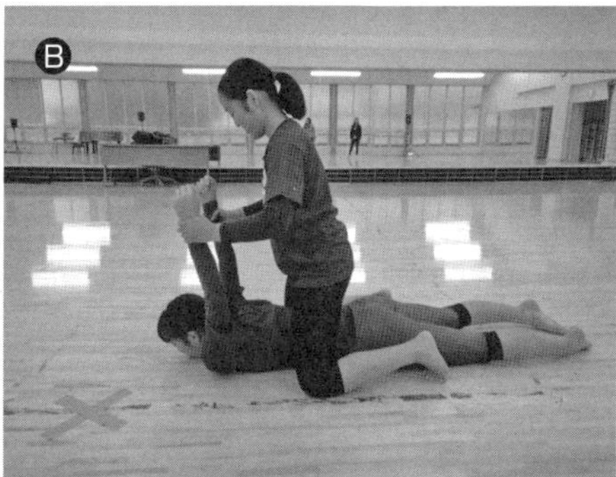

●図 8-69●　上腕二頭筋，三角筋

② 大胸筋

●指導と流れ

①うつ伏せになり，両手を頭の上で組む。

②パートナーは，両肘を上へ持ち上げる（図 8-70A）。

③動きが止まったところで保持する（図 8-70B）。

④胸の筋肉が伸びているのが分かるか確認する。

●注意とポイント

- おでこは床につけておく。
- ゆっくり肘を持ち上げる。

●図 8-70●　大胸筋

3 広背筋，僧帽筋下部

●指導と流れ

①うつ伏せになり，両手を上に伸ばす。

②パートナーは，手首を持つ（図 8-71A）。

③両手を斜め上方に引く（図 8-71B）。

④動きが止まったところで保持する。

⑤背中の筋肉が伸びているのが分かるか確認する。

●注意とポイント

- 顔は下を向ける。
- ゆっくり手を引く。
- 反りすぎないようにする。

● 図 8-71 ● 広背筋，僧帽筋下部

4 中殿筋

●指導と流れ

①仰向けになり，片膝を曲げて腰をひねる（図 8-72A）。

②パートナーは肩と腰（膝）に手を当てる（図 8-72B）。

③パートナーは，肩を押さえて腰（膝）を前方に押す。

④動きが止まったところで保持する。

⑤腰，お尻の筋肉が伸びているのが分かるか確認する。

●注意とポイント

- 押さえている肩が動かないように支える。
- 骨盤を前方に押し出す。

●図 8-72● 中殿筋

5 大殿筋

●指導と流れ

①仰向けになり，右足を左足の膝の上に架け股関節をひらく。

②パートナーは，左足を右太腿にのせ，体重を前にかける（図 8-73A）。

③足を胸の方へ近づけ，動きが止まったところで保持する（図 8-73B）。

④右のお尻の筋肉が伸びているのが分かるか確認する。

⑤反対側も同じように行う。

●注意とポイント

- 外に開いている足は安定させる。
- この姿勢が困難な場合は，左足は伸ばし右足のみを押す。

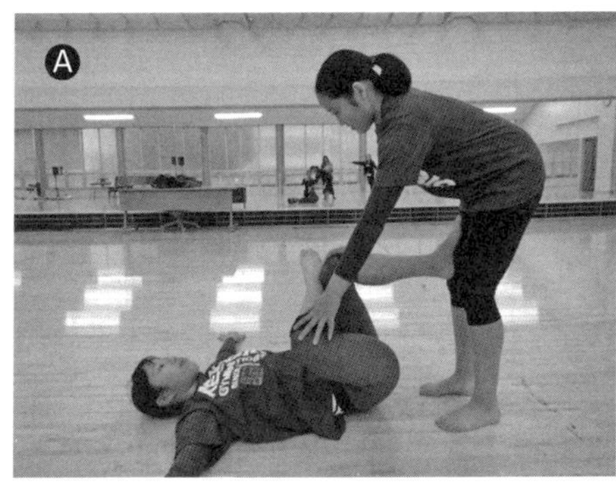
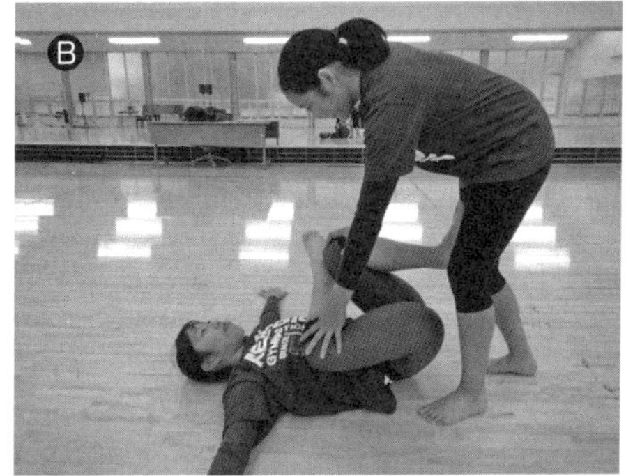

●図 8-73● 大殿筋

6 大腿二頭筋，半腱様筋，半膜様筋

●指導と流れ

①仰向けになり片足を伸ばす（図 8-74A）。

②パートナーは伸ばした足を頭の方向に押す（図8-74B）。

③足が止まるところまで押していく。

④動きが止まったところで保持する。

⑤太腿の後ろ側が伸びているのが分かるか確認する。

●注意とポイント

• ゆっくり足を上げていく。

• 力を入れて無理に押さない。

● 図8-74 ●　大腿二頭筋，半腱様筋，半膜様筋

2 巧みな動きを高めるための運動

【巧みな動きを高めるための運動の説明】

自分自身で，あるいは人や物の動きに対応してタイミングよく動くこと，力を調整して動くこと，バランスをとって動くこと，リズミカルに動くこと，素早く動くことができる能力を高めることをねらいとして行われる運動[1)2)]。

（1）走る運動と競争

1　ジャンケン鬼

• 人数：2人

• 場所：体育館，運動場

• 運動効果：敏捷性，判断力，スピード

●学習の進行（図8-75）

①センターラインとエンドラインを引く。

②ジャンケンをして勝った人が，負けた人を追いかける。

③エンドラインまでにタッチできれば勝ち，逃げられたら負け。

●ポイント

- ジャンケンの勝ち負けによる瞬時の判断と，動くまでの反応の速さが高まる。
- バリエーション：ネコとネズミ，サメとサケ，簡単な足し算・引き算・掛け算（答えを偶数と奇数で分ける）など工夫する。背を向けたり，座の姿勢などスタートポジションを工夫する。

●図 8-75● ジャンケン鬼

2 コーンタッチ競争

- 人数：2人から
- 場所：体育館，運動場
- 運動効果：敏捷性，スピード，調整力

●学習の進行（図 8-76）

①ジグザグにコーンをセットする。

②スタート地点からゴールまでのコーンを全てタッチしながら競争する。

●ポイント

- サイドステップのリズム，重心の低さなどを調整してすばやく動く。
- バリエーション：コーンを置く場所，距離，間隔などコースを工夫する。

●図 8-76● コーンタッチ競争

③ タオル・ダッシュ

- 人数：2人
- 場所：体育館，運動場
- 運動効果：敏捷性，スピード

●学習の進行（図 8-77）

①スタートライン手前でうつ伏せにねる。

②手の上に顎やおでこを乗せ，笛などの合図で反応しダッシュしてタオルをとる。

③先にとった人が勝ち。

●ポイント

- すばやくコントロールできる起き上がりかたを考える。
- バリエーション：スタートの姿勢（仰向け・座るなど）や方向を変える，スタートの合図をいろいろな言葉（タオルと言ったらダッシュするなど）に変えるなど工夫する。

●図 8-77● タオル・ダッシュ

④ ボールとりゲーム[5)]

- 人数：3人から
- 場所：体育館，運動場
- 用意：ボール4個
- 運動効果：敏捷性，判断力

●学習の進行（図 8-78）

①3つのグループに分かれる。

②正三角形で各コーナーに陣地を作り，中心にボールを4つ置く。

③1回に運べるボールは1個のみ。

④相手の陣地のボールを取りに行っても良い。

⑤自分のボールをとられないように，中心と相手の陣地からボールをとる。

⑥先にボールを2つ取った人の勝ち。

●ポイント

- 周りの状況判断しながら，相手のボールをとる。
- バリエーション：ボールを増やす（7つなら3つ取った人の勝ち，ボールを5つにすると2チームが勝ちになる）。四角形や五角形の陣地やチーム戦にするなど工夫する。
- チーム戦の場合，ボールをとったらドリブルで戻る，次の人にパスするなど工夫する。
- 同じチームの仲間が助言をする。

●図8-78● ボールとりゲーム

（2） なわを用いた運動

1 輪かけ跳び

- 人数：2人から
- 場所：体育館，運動場
- 用意：短なわ
- 運動効果：調整力，協応性，巧緻性，リズム感，持久力

●学習の進行（図8-79）

向かい合わせになり跳ぶタイミングをあわせる（最初はバウンド2回）。回す人は大きく回し跳ぶ。短なわとびを2人で跳ぶ。

●図8-79● 輪かけ跳び

●ポイント

- なわを回す人のタイミングでジャンプする。
- バリエーション：跳ぶ人は後ろ向きで回しているなわの中にはいる。横1列や円になり順に跳ぶなど工夫する。

② 中なわ1本での横並び正面跳び

- 人数：2人
- 場所：体育館，運動場
- 用意：中なわ
- 運動効果：調整力，協応性，巧緻性，リズム感，持久力

●学習の進行（図8-80）

向かい合い同じ方向の手で回す，はじめは交互に跳び，なれてきたら2人一緒に跳ぶ。

●ポイント

- なわは大きく内回し。右手回しの人は右向きで跳び，左手回しの人は左向きで跳ぶ。
- バリエーション：なわを反対に回し後跳びも行う。なわを2人で2本持ち同時に跳ぶ（1本は外側を，もう1本は交差するようにして内側で持って跳ぶ）。

●図8-80● 中なわ1本での横並び正面跳び

③ ダブルダッチ（図8-81）

- 人数：3人から
- 場所：体育館，運動場
- 用意：中なわ2本
- 運動効果：調整力，協応性，巧緻性，リズム感，持久力

●学習の進行

- 跳ぶ人から見て手前のなわが床についたらすぐに入る。

●図8-81● ダブルダッチ

・8字とびと同じようにぬける。

・跳ぶ人は，なわの中でリズムよくジャンプを行う。回す人は，肘を脇につけ，力をぬき肘を支点に大きく回す。

●ポイント

・回す人は，跳ぶ人のリズムにあわせてなわを交互に回す。跳ぶ人はなわの中央に入る。

・上手にできないとき，跳ぶ人は2本のなわの間でリズムよくジャンプを行う。そのリズムにあわせてなわを回す。

・バリエーション：片足で交互に跳ぶ，速さを変える，回数を決めて順に跳ぶ。

4 長なわと短なわ（図8-82）

・人数：3人

・場所：体育館，運動場

・用意：長なわ，短なわ

・運動効果：調整力，協応性，巧緻性，リズム感，持久力

●図8-82● 長なわと短なわ

●学習の進行

①短なわの人が真中に立つ。

②長なわの人は短なわの人の後ろに立つ。

③短なわの人がはじめに跳ぶ。

④長なわの人は，短なわの人のリズムに合わせて回す。

●ポイント

・短なわの人は2回バウンド。長なわの人は大きく回す。

・バリエーション：長なわの人は回す手を外側にして短なわの人と同時に跳ぶ。短なわの中にもう1人はいって輪かけ跳びを行うなど工夫する。

（3）ボールを用いた運動

1 隣へボールパス

・人数：3～10人

・場所：体育館，運動場

・用意：ボール

・運動効果：敏捷性，調整力，バランス

●学習の進行（図8-83）

円陣を描き，ボールを床について，隣へパスする。

● 図 8-83 ●　隣へボールパス

●ポイント

- 隣との距離，高さ，方向，タイミングを考えてボールをついてパスする。
- バリエーション：ボールを一斉に投げ隣へパスを行う。

② 人間移動ボールパス

- 人数：3～5人
- 場所：体育館，運動場
- 用意：ボール
- 運動効果：敏捷性，調整力，バランス

●学習の進行（図 8-84）

自分の手前にボールをついて隣へ移動し，隣がついたボールをキャッチする。

●ポイント

- 隣との距離，高さ，タイミングなどを理解し，調整してパスを行う。
- バリエーション：ボールを自分の上に投げ，隣へ移動してキャッチする。ボールを自分の上に投げ，隣へ移動しワンバウンドしてからキャッチする。

● 図 8-84 ●　人間移動ボールパス

③ 入れ替えパス

- 人数：3～4人
- 場所：体育館，運動場
- 用意：ボール
- 運動効果：敏捷性，調整力，バランス

●学習の進行（図 8-85）

①横一列に並びボールを真上に投げ上げる。

②左右どちらかに1つ移動する。

③移動した1番端の人は反対側の端へ移動しボールをキャッチする。

●ポイント

- 端の人が移動できるだけの高さや隣との距離を考慮する。
- バリエーション：バウンドで行う。ボールを自分の上に投げ，隣へ移動しワンバウンドしてからキャッチする。

● 図 8-85 ●　入れ替えパス

④ 手つなぎドリブル（図 8-86）

● 図 8-86 ●　手つなぎドリブル

- 人数：2人
- 場所：体育館，運動場
- 用意：ボール
- 運動効果：調整力，バランス，協調性

●学習の進行

①2人で手をつなぎドリブルを行う。

②相手の動きと，自分の動きの調子を合わせる。

●ポイント

- タイミングを合わせる。
- バリエーション：いろいろ移動してみる。ペアを変える，時間を決める，リレーを行うなど工夫する。

5 チェストパスとバウンドパス

- 人数：2 人
- 場所：体育館，運動場
- 用意：ボール
- 運動効果：調整力，協調性

●学習の進行（図 8-87）

①2 人で向かい合わせになる。

②1 人はチェストパスを，もう 1 人はバウンドパスを同時に行う。

●ポイント

- 呼吸を合わせて行う。パスを出したら，パスをもらう方のボールをすぐに見てキャッチする。
- どこにパスを出すと相手がキャッチしやすいかを考える。
- バリエーション：連続して行う，距離を変える，スピードを変える，回数を決めて交互にパスを出すなど工夫する。

●図 8-87● チェストパスとバウンドパス

（4）フープを用いた運動

1 フープ回し[5)]

- 人数：3 ～ 5 人
- 場所：体育館，運動場
- 運動効果：調整力，敏捷性

●学習の進行（図 8-88）

①3 人組から行う。三角形になり内向きになる。

②その場で輪を回し，隣へ移動する。

●ポイント

- 蛇口をひねるように回す。
- バリエーション：右手・左手の両方で回す，右回り・左回りで行う，１人とばし・２人とばし・１周するなどフープをとる位置を変える，リーダーの合図で回る方向を決めるなど工夫する。

●図 8-88●　フープ回し

② フープジャンプ

- 人数：１人
- 場所：体育館，運動場
- 用意：フープ
- 運動効果：調整力，バランス，跳躍力

●学習の進行（図 8-89）

バックスピンをかけて，戻ってきたところをジャンプする。

●ポイント

- バックスピンとジャンプのタイミングを調整する。
- バリエーション：フープの距離を変える。バックスピンの強弱をつける。フープの大きさを変えて，ジャンプする。

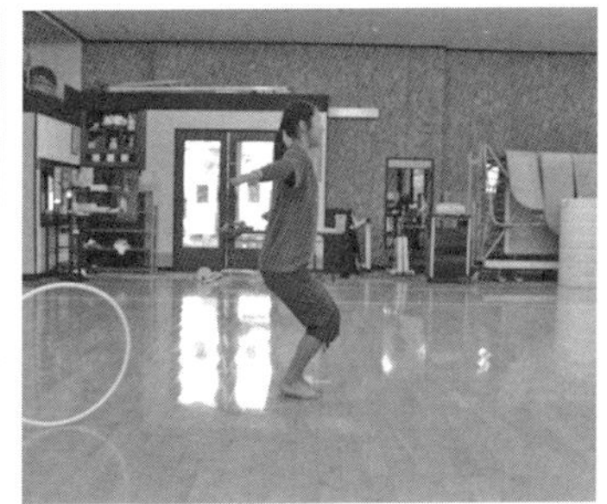

●図 8-89●　フープジャンプ

③ 連続フープジャンプ

- 人数：3～6人
- 場所：体育館，運動場
- 用意：フープ
- 運動効果：調整力，協応性，敏捷性，跳躍力

●学習の進行（図8-90）

①3人組から行う。転がす2人と，跳ぶ人に分かれる。

②最初に転がす人と跳ぶ人は向かい合い，跳んだら向きを変えて同様に跳ぶ。

●ポイント

- 真っ直ぐに転がす。
- 転がす人のタイミングとフープの速さを判断し，調整して跳ぶ。
- バリエーション：距離を変えて行う，速さを変える，人数を増やすなど工夫する。

●図8-90● 連続フープジャンプ

（5） 平均台とボールの組み合わせ運動

① 平均台ドリブル（図8-91）

●学習の進行

平均台を渡りながら床でドリブルを行う。

●ポイント

- 脇をあまり開かず，平均台の近くでドリブルする。
- 平均台の高さ，ボールをつく強さ，自分の姿勢を考え

●図8-91● 平均台ドリブル

て行う。

- バリエーション：姿勢（高低）を変化させる，横向きで行うなど工夫する。低い障害物をおく。

2 平均台パス（図 8-92）

●学習の進行

①2人組になり，1人が平均台に乗り，横向きに立つ。

②もう1人は床で向かい合わせになる。パスをしながら横移動する。

●ポイント

- 2人の間隔は短い距離からスタートし，慣れてきたら徐々に離れる。
- バリエーション：パスの速さや移動の速さに変化をつける。バウンドパスで同様に行う。2人とも平均台に乗って行う。

● 図 8-92 ● 平均台パス

3 力強い動きを高めるための運動

【力強い動きを高めるための運動の説明】

自己の体重，人や物などの抵抗を負荷として，それらを動かしたり，移動したりすることによって力強い動きを高めることをねらいとして行われる運動[1)2)]。

（1） 人間丸太倒し[3)]

- 人数：2～3人
- 場所：体育館
- 運動効果：バランス，調整力，筋力

1 膝立て丸太倒し

●学習の進行（図 8-93）

補助者は，両端で膝を立てる。丸太役は真中で正座から腰を伸ばして前後へ倒れる。

●ポイント

- 前の補助者は肩または胸上部を，後ろの補助者は肩または上背で受け止める。
- 補助者は重心を前方にかけて腕を伸ばす。

• 丸太役は，体を１本にする（腰を引かないようにする）。

• バリエーション：丸太役は両腕を伸ばし，補助者は腕をキャッチする。キャッチの位置が上になるほど強度が上がる。

● 図 8-93 ●　膝立て丸太倒し

② 2人組丸太倒し

●学習の進行（図 8-94）

丸太役は自分で壁を押し返し，後ろへ倒れる。後ろの補助者はキャッチして前に押し返す。

●ポイント

• 丸太役は倒れるときは真っ直ぐになる。

• 慣れてきたら，壁の距離と補助者の距離を離して強度を高める。

• バリエーション：壁を押し返したら 180 度回転する。

● 図 8-94 ●　2人組丸太倒し

③ 3人組丸太倒し

●学習の進行（図 8-95）

はじめは，補助者と丸太役の距離を近くして行う。

●ポイント

• 丸太役は全身を１本に保持して前後に倒れる。

• 慣れてきたら，徐々に補助者との間隔を広げて行う。

• バリエーション：真中の人が向きを変える。

● 図 8-95 ●　3 人組丸太倒し

(2) 押し・引き運動

1 人ころがし

• 人数：2 人

• 場所：体育館，運動場

• 運動効果：調整力，筋力

●学習の進行（図 8-96）

2 人組になる。1 人が寝て，もう 1 人は寝ている人を転がす。

●ポイント

• 転がすときの押す場所，距離，体重のかけ方を体感する。転がる人は 1 本の棒のようになる。

• バリエーション：力を抜く，床を押して転がらないようにする（時間を決めて），競争やリレーを行う。

● 図 8-96 ●　人ころがし

② 人引き（図 8-97）

●図 8-97● 人引き

- 人数：2 人
- 場所：体育館，運動場
- 運動効果：調整力，筋力

●学習の進行

1 人が床にうつ伏せになる。もう 1 人が片腕を引く。うつ伏せの人は動かないようにこらえる。

●ポイント

- 引く人は体重をかける方向や重心の位置を調整しながら引く。
- バリエーション：さまざまな部位をさまざまな角度で引く。

③ 2 人引き相撲（図 8-98）

●図 8-98● 2 人引き相撲

- 人数：2 人
- 場所：体育館，運動場
- 運動効果：調整力，筋力

●学習の進行

手首を組んでお互いに引っ張り合う。

●ポイント

- 体重のかけ方や重心の高低を調整して引っ張り合う。
- バリエーション：タオルを使う。直径 2 メートル弱の円を描き，円のなかで行う（円から出たら勝ち）など工夫する。

④ 3 人引き相撲

- 人数：3 人
- 場所：体育館，運動場
- 用意：綱，なわ
- 運動効果：調整力，筋力

●学習の進行（図 8-99）

3 つ股のロープを 3 人で引き合う。

●図 8-99● 3 人引き相撲

●ポイント

- 互いの力，自分の引く方向や速さ，強さや体重のかけ方などを考え行う。
- バリエーション：ロープの長さを変える，円のエリアの大きさ（大小）を決めて行う。

5 バランス崩し

● 図 8-100 ● バランス崩し

- 人数：2人
- 場所：体育館，運動場
- 運動効果：調整力，筋力，バランス

●学習の進行（図 8-100）

2人組で向かい合わせになり，手で押し合い相手のバランスを崩す。

●ポイント

- 引き，押し，フェイントなどタイミングを調整して行う。
- バリエーション：足の周りに 40 cm くらいの円を 2 つ描き相手のバランスを崩し円から押し出す。団体で勝ち抜き戦を行うなど工夫する。

6 ケンケン相撲

● 図 8-101 ● ケンケン相撲

- 人数：2人から
- 場所：体育館，運動場
- 運動効果：調整力，筋力，バランス

●学習の進行（図 8-101）

手を胸元で組み，ケンケンで押し合う。両足がついたら負け。

●ポイント

- ぶつかるタイミングやよけるタイミングを調整する。
- バリエーション：線を引いて土俵を作る，複数人で行う，団体で勝ち抜き戦を行う。

（3）人運び運動

1 人起こし

- 人数：2人
- 場所：体育館，運動場
- 用意：マット（安全のため使用）
- 運動効果：調整力，筋力

●学習の進行（図 8-102）

起こされる人は，体に力を入れ 1 本の棒のようになる。起こす人は後頭部，頸部に手をかけ，持ち上げる。

●ポイント

- 起こされる側は，背中を反るように力を入れる。
- 起こす側は，下肢の力を使って起こす。

●図 8-102● 人起こし

2 人運び[6)7)]

- 人数：3 人から
- 場所：体育，運動場
- 用意：マット（安全のため使用）
- 運動効果：調整力，筋力

●学習の進行

①はじめは数人で 1 人を持ち上げる。最後は 3 人組になり，2 人で 1 人を持ち上げる（図 8-103A）。

②力が抜けた人を運ぶ（図 8-103B）。

③1 本の棒になっている人を運ぶ（図 8-103C，D）。

●ポイント

- どちらが運びやすいか体感しながら行う。おろす時はそっとねかせる。どちらとも体を近づけて運ぶ。どこを持ち上げると運びやすいかなど工夫する。
- 持ち上げる人も持ち上げられる人も交代の時に何を感じたか話し合う。

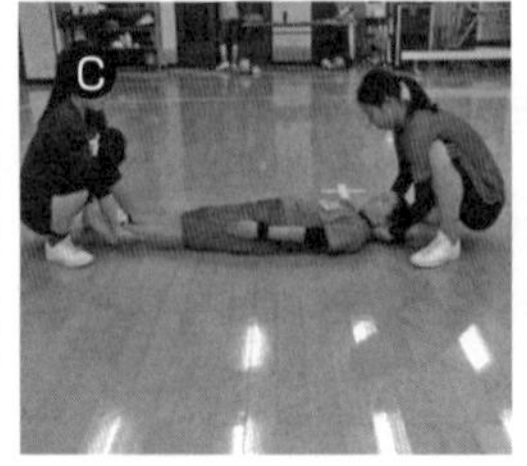

●図 8-103● 人運び

（4）引き抜き運動

1 大根足抜き

- 人数：6人（守る側4人，引き抜く側2人）
- 場所：体育館
- 用意：マット（安全のため使用）
- 運動効果：調整力，筋力

●学習の進行（図8-104）

①守る側のチームは4人で背中合わせになってマットの上に座り腕を組む。

②引き抜く側の2人は守る側の足を引き，人の輪を引き離す。

●ポイント

- 引く側は，抜きやすい方向や体重のかけ方などを工夫する。
- いきなり強く引かないように留意する。
- バリエーション：人数を増やして行う。

●図8-104● 大根足抜き

2 うつ伏せ大根足抜き（図8-105）

- 人数：6人（守る側4人，引き抜く側2人）
- 場所：体育館，運動場
- 用意：マット（安全のため使用）
- 運動効果：調整力，筋力

●学習の進行

守る側はマットの上でうつ伏せになり肩を組む。引き抜く側は足を引き抜く。

●図8-105● うつ伏せ大根足抜き

●ポイント

- 抜かれる側は，肩を強く組む。

• 引く側は，抜きやすい方向や体重のかけ方などを工夫する。

• 引かれたとき，顔を床にぶつけないように留意する。

4 動きを持続する能力を高めるための運動

【動きを持続する能力を高めるための運動の説明】

1つの運動または複数の運動を組み合わせて一定の時間に連続して行ったり，あるいは一定の回数を反復して行ったりすることによって，動きを持続する能力を高めることをねらいとして行われる運動[1)2)]。

（1） エアロステップ

• 人数：1人から

• 場所：体育館，運動場

• 用意：音楽デッキ，音楽（約130〜140 BPM）

●学習の進行（図8-106）

①A〜Dの**ローインパクト・ステップ**（必ず片足が床に着いているステップ［例：マーチ］）を練習する。

②E〜Hの**ハイインパクト・ステップ**（一瞬でも両足が床から離れ，宙に浮くステップ［例：ジョギング］）を練習する。

③隊列を組み音楽に合わせて動く（はじめは1つのステップで16カウント動く）。

④リーダーの指示でランダムに連続して動く（図8-107）。

A　マーチ

B　Vステップ

C　Aステップ

D　サイドステップ

E　ジョギング

F　キック

G　ニーリフト

H　ジャンピング・ジャック

●図 8-106●　エアロステップ

●動きとポイント[8)9)]

- マーチ：その場で歩く。腕を振り，膝を引き上げる。
- Vステップ：V字を描く。1は踵から，2・3・4はつま先で蹴る。
- Aステップ：逆V字を描く。つま先で蹴る。
- サイドステップ：左右にステップを踏む。送り足（2・4）はつま先でタッチする。
- ジョギング：その場で走る。踵をお尻につけるように蹴り上げる。
- キック：膝を伸ばし交互に足を振り上げる。軸足を伸ばす。
- ニーリフト：床を蹴り上げ交互に膝を引き上げる。膝を高く引き上げる。
- ジャンピング・ジャック：開閉脚を行う。下肢は柔らかく着地する。

ローインパクト	ハイインパクト
A　マーチ	E　ジョギング
B　Vステップ	F　キック
C　Aステップ	G　ニーリフト
D　サイドステップ	H　ジャンピング・ジャック

- バリエーション：各ステップに合わせ腕の動きを自由に創作する。皆で動いてみる。

【隊列と移動学習の説明】

エアロステップの練習は，リーダーを中心とした一斉指導と順に移動しながら行うロコモーションがあり，一斉指導は一体感があり，ロコモーションは他者を見て学習することができる[8)]。

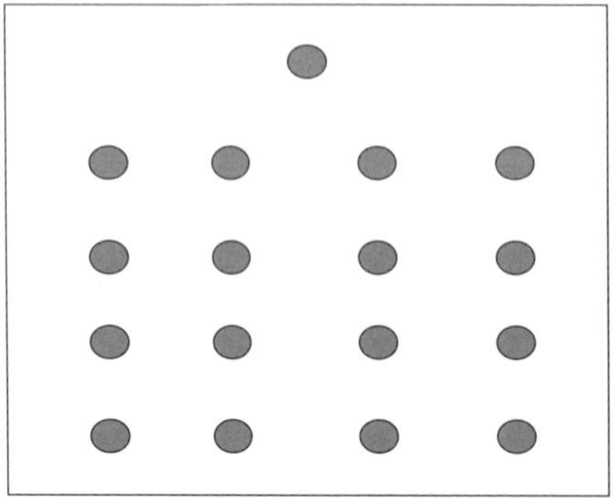
リーダーを中心として隊列を組む

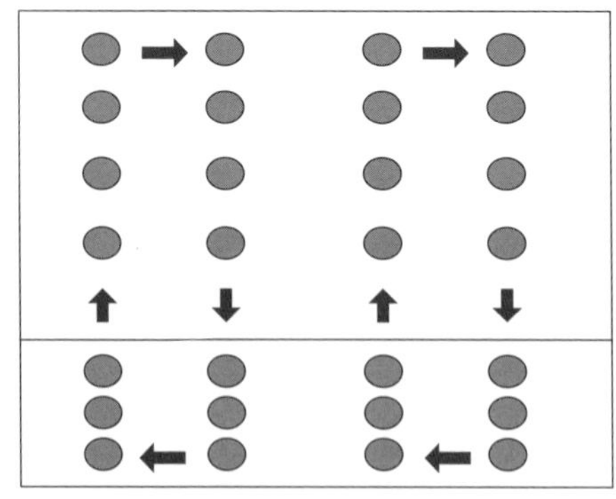
順に移動するロコモーション

●図 8-107●　隊列および移動の仕方

（2）ジグザグドリブル・エアロステップ・大なわ跳び・ジョギングの組み合わせ

- 人数：50人くらいまで
- 場所：体育館，運動場
- 運動効果：調整力，持久力，リズム感，巧緻性，敏捷性

●学習の進行

①種目を割り振る。

②４つの班に分け，どの種目からはじめ次にどの種目を行うのか決める。

③時間やセット数を決めて行う。

●ポイント

• ジグザグドリブル（図 8-108）（10 人くらい）

15 メートルにコーンを５つ並べる。２列作る（１列５人くらい）。

● 図 8-108 ●　ジグザグドリブル

• エアロステップ（（１）参照）（10 人くらい）

Ａ～Ｈまでを 16 カウント連続してステップを行う（ステップ名を順に書いて貼っておくと分かりやすい）。

Ａ　マーチ（左右 16 歩）　Ｂ　Ｖステップ（４回）　Ｃ　Ａステップ（４回）

Ｄ　サイドステップ（左右８回）　Ｅ　ジョギング（左右 16 歩）　Ｆ　キック（左右８回）

Ｇ　ニーリフト（左右８回）　Ｈ　ジャンピング・ジャック（８回）

• 大なわ跳び（10 人くらい）

８の字跳び（図 8-109）で１人ずつ行う。５人跳んだら１人ずつ抜けるなど工夫する。

• ジョギング（10 人くらい）

会話ができるペースで行う。

● 図 8-109 ●　８の字跳び

（３）スーパー・サーキット

【組み合わせの例】

動きを持続する能力を高めるための運動と力強い動きを高めるための運動との組み合わせ[1)]。エアロステップと自体重トレーニングの組み合わせです。

• 人数：50 人くらいまで

• 場所：体育館，運動場

①スクワット

②ニーリフト

⑫マーチ

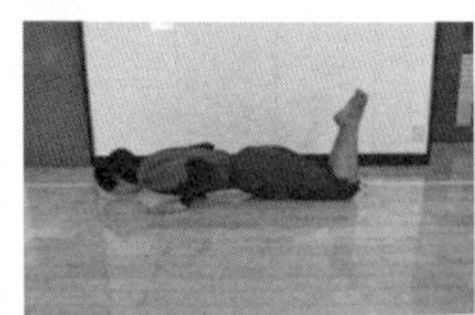

③プッシュアップ

⑪レッグ・レイズ

④ジャンピング・ジャック

⑩キック

⑤腹筋

⑨背筋

⑧サイドステップ

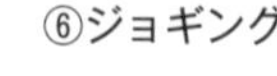

⑥ジョギング

⑦レッグ・ランジ

●図 8-110●　スーパー・サーキット

• 用意：音楽デッキ，音楽（約 130～140 BPM），各ステーションに運動種目名か図などを貼る。

• 運動効果：調整力，筋持久力，持久力，リズム性

●学習の進行（図 8-110）

①①から⑫の各種目のステーション（種目数は体力に応じて）を作る。

②各ステーション人数を割り振る。

③各ステーションはエアロステップと自体重トレーニングを交互に行う。

④各 30 秒間行い，時計回りにローテーションする。1 周 6 分となる。

⑤体力にあわせてセット数を決める。

●動きとポイント

①スクワット：両手を前に伸ばし，椅子に腰かけるように腰を引く。

②ニーリフト：弾みながら，膝を交互に引き上げる。

③プッシュアップ：伏臥姿勢で，自分の筋力に合わせたポジションで行う。

④ジャンピング・ジャック：弾みながら閉開脚を交互に行う。

⑤腹筋：仰向けで膝を立て，肩甲骨が上がるところまで上体を起こす。

⑥ジョギング：その場で走る。

⑦レッグ・ランジ：片足を一歩半前に出しもどす。後ろの膝は床に近づける。

⑧サイドステップ：左右交互に行う。

⑨背筋：両手を頭の後ろに添え，足を床につけたまま上体を起こす。

⑩キック：弾みながら足を交互に蹴り上げる。

⑪レッグ・レイズ：仰向けで両肘をつけ，膝を胸に近づける。腰を反らないように行う。

⑫マーチ：その場所で歩く。

• バリエーション：一斉指導も行うことができる。

【引用・参考文献】

1）文部科学省『中学校学習指導要領（平成 29 年告示）解説 保健体育編』東山書房，2017 年，pp. 44-48
2）文部科学省『高等学校学習指導要領（平成 30 年告示）解説 保健体育編・体育編』東山書房，2018 年，pp. 42-44，56-57
3）濱田靖一『イラストでみる組体操・組立体操』大修館書店，1996 年，pp. 21，35，86，176-177，179，196，252，261，264，271，290
4）原田奈名子『からだほぐしを楽しもう 2 ―のびのびワクワクからだあそび』汐文社，2002 年，pp. 14，17
5）神家一成編著『体力を高める運動 75 選』東洋館出版社，2008 年，pp. 27，84
6）高橋和子『からだほぐしを楽しもう 1 ―ゆったりイキイキからだきづき』汐文社，2002 年，p. 34
7）久保健『からだほぐしを楽しもう 3 ―わいわいドキドキからだたんけん』汐文社，2002 年，p. 18
8）山本清文編著『「中学校体育の授業づくり」楽しくできる“現代的なリズムのダンス”チーム・ダンスエアロビック』日本エアロビック連盟，2011 年，pp. 8-9，17
9）『ジュニア・エアロビック技術教程ガイド』日本エアロビック連盟，2007 年，p. 56

索　　引

た

な

は

ま

や

ら

わ

執筆者一覧

（執筆順，＊印編者）

安部 恵子（あべ けいこ）博士（学校教育学）　第１章
（大阪成蹊大学大学院教育学研究科長・教育学部教授）

灘本 雅一（なだもと まさかず）博士（学術）　第２章
（桃山学院教育大学人間教育学部教授）

中村 浩也（なかむら ひろや）博士（教育学）　第３章
（桃山学院教育大学人間教育学部教授）

＊三村 寛一（みむら かんいち）学術博士　第４章
（大阪教育大学名誉教授・大阪成蹊大学大学院教育学研究科教授）

倉田 純（くらた じゅん）　第５章
（大阪市立南津守小学校教頭・大阪市小学校教育研究会体育部体つくり運動領域理事）

川村 幸久（かわむら ゆきひさ）　第５章
（大阪市教育委員会事務局指導部指導主事）

福重 隆至（ふくしげ たかよし）　第６章
（大阪市立淀川小学校校長・元大阪市立松虫中学校校長・元大阪市立中学校教育研究会保健体育部長）

渡邉 健一（わたなべ けんいち）　第７章
（大阪成蹊大学・大阪成蹊短期大学教育研究支援統括本部教職キャリアセンター副センター長）

山本 清文（やまもと きよふみ）　第８章
（花園大学文学部文学部長教養教育課程教授）

〈編者紹介〉

三 村　寛 一（みむら かんいち） 学術博士
1971年　大阪教育大学教育学部卒業
1972年　大阪教育大学教育専攻科（体育）修了
1976年　東京教育大学大学院体育学研究科修士課程体育学専攻修了
1990年　学術博士（大阪市立大学）取得
1990年　カナダ Mc Master 大学へ１年間の研究留学（文部省在外研究員）
現　在　大阪教育大学名誉教授・大阪成蹊大学大学院教育学研究科教授

［主要著作］
『健康・スポーツの科学―幼児から高齢者まで』（編著）明伸社，1992年
『青年の健康と運動』（共著）現代教育社，1995年
『小児のスポーツ科学』（翻訳）金芳堂，1997年
『健康の科学』（共著）金芳堂，1999年
『スポーツ指導論』（編）嵯峨野書院，2002年
『健康・スポーツの科学』（編著）嵯峨野書院，2006年
『スポーツ指導者のためのスポーツと法』（編著）嵯峨野書院，2011年
『やさしいスポーツ医科学の基礎知識』（共著）嵯峨野書院，2016年
『新・スポーツ生理学』（編著）嵯峨野書院，2018年
『新・保育と健康』（編著）嵯峨野書院，2018年

子どもにおける「体つくり運動」の基礎と実践　≪検印省略≫

2022年２月22日　第１版第１刷発行

編著者　三 村　寛 一
発行者　前 田　茂
発行所　嵯 峨 野 書 院

〒615-8045　京都市西京区牛ヶ瀬南ノ口町39　電話（075）391-7686　振替 01020-8-40694

創栄図書印刷・吉田三誠堂製本所

ISBN978-4-7823-0609-3